청소년들의 진로와 직업 탐색을 위한
잡프러포즈 시리즈 40

스타를 빛나게 만드는
연예기획사대표

청소년들의 진로와 직업 탐색을 위한 잡프러포즈 시리즈 40

스타를 빛나게 만드는 연예기획사대표

원욱 지음

TaLK SHOW

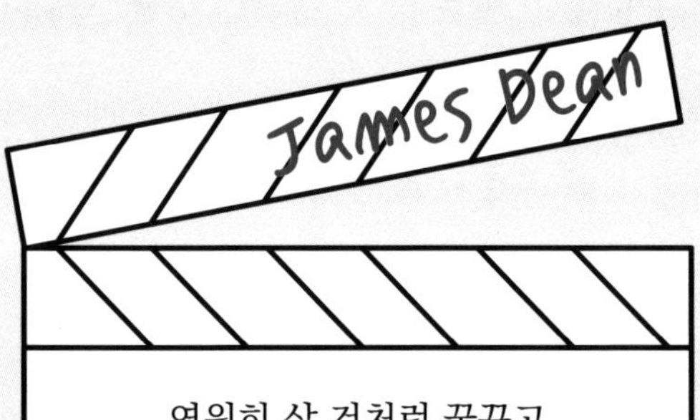
James Dean
영원히 살 것처럼 꿈꾸고
오늘 죽을 것처럼 살아라.
- 제임스 딘 -

자기 혼자 빛나는 별은 없어.
별은 다 빛을 받아서 반사하는 거야.

– 영화 〈라디오 스타〉 중에서 –

C·O·N·T·E·N·T·S

C·O·N·T·E·N·T·S

연예기획사대표 원욱의 프러포즈

3

PROPOSE

언제나 나를 최고라고 말해준
당신이 있어 행복합니다
라디오
스타
RADIO STAR

여러분, 영화 〈라디오스타〉를 혹시 보셨나요?

한물간 록 가수와 더 이상 관리할 스케줄이 없는 매니저에 대한 이야기예요. 욱하는 마음에 성질대로 사고를 치고야 마는 철없는 가수 최곤 곁에는 더 이상 손발에 지문이 안 남을 정도로 세상과 타협하고 수습하는 매니저 박민수가 있어요. 최곤의 재기를 믿으며 모든 궂은일을 도맡아 하는 매니저 박민수는 “자기 혼자 빛나는 별은 없어, 별은 다 빛을 받아서 반사하는 거야”라며 사람은 혼자 살 수 없고, 함께 도우며 사는 것이 최고의 삶임을 최곤에게 일깨워주죠. 오랜 세월 함께 하면서 신뢰를 바탕으로 한 파트너십을 잘 보여주고 있는 영화예요.

여러분들은 아마 예능 프로그램인 〈전지적 참견 시점〉으로 인해 매니저라는 직업이 더욱 친숙해졌을 거예요. 그런데 앞에서 말한 영화나 예능에 등장하는 매니저를 보면 담당하는 연예인에게 헌신하거나 비서와 같은 역할을 하는 것으로 묘사되고 있지만 사실 매니지먼트는 훨씬 전문적인 영역이에요.

매니지먼트는 무에서 유를 창조하는 일이죠. 신인을 발굴하고, 상품성을 높여 수익성을 올리는 것뿐만 아니라 상품성이 검증된 배우들에 대해 다양한 유통경로를 개발하고 이렇게 만들어진 핵심 콘텐츠가 엔터테인먼트 시장에 선순환되어 큰 부가가치를 창출할 수 있도록 만드는 산업이에요.

예전에는 매니저 한 명이 현장도 뛰고, 홍보 담당도 하는 등 여러 가지를 했지만 최근에는 기획력과 시스템, 그리고 자본 및 유통을 갖춘 회사들에 의해 매니지먼트 시장이 움직이고 있어요. 또한 다양한 매체의 등장과 제작비의 상승 등으로 배우들의 스타 콘텐츠 시장도 점점 커지고 있죠. 이렇듯 엔터테인먼트 산업이 확대되고 콘텐츠의 장르와 플랫폼이 다양해지면서 매니저의 중요성은 더욱 커지고 있어요. 전문성을 갖춘 인력이 중요해지고 있는 거죠.

'스타는 스스로 반짝이지 않는다'는 말이 있죠. 원석을 발굴해 반짝이는 보석을 만들고, 빛나는 별을 만드는 연예 매니지먼트. 이 책이 매니저라는 직업이 막연히 연예인에 대한 동경으로 시작하는 일이라는 오해에서 벗어나 전문성을 가지고 문화콘텐츠 산업의 중심에서 일하는 직업이라는 것을 알게 되는 계기가 되었으면 해요. 제 글을 통해 매니지먼트라는 일이 여러분의 꿈이 된다면 더 기쁘겠고요.

어떤 것이든 여러분의 꿈을 응원할게요.

첫인사

편 - 토크쇼 편집자

원 - 연예기획사대표 원욱

편 먼저 자기소개를 부탁드려요.

원 제가 배우가 아니라서 그런지 좀 어색하네요. 안녕하세요? '아우터코리아'라는 매니지먼트 회사를 운영하고 있는 원욱 대표입니다.

편 이 일을 하신지는 얼마나 되셨나요?

원 2001년 4월 4일에 서울로 왔어요. 이 일을 하려고 온 거죠. 그 당시 제가 '4'라는 숫자와 인연이 많았어요. 예를 들어, 시간을 확인하려고 시계를 보면 4시 4분이라는 식으로 징크스라면 징크스라고 할 수 있었는데 서울에 온 날짜도 공교롭게 4월 4일이었죠. 찜찜하기도 하고 신기하기도 했던 기억이 있어요. '4'는 제가 싫어했던 숫자였거든요.

아무튼 그렇게 올라와서 매니지먼트 아카데미에 등록했어요. 당시 수강료가 100만 원이었는데 사실 거길 다닌 이유는 한 가지였어요. 그때는 연예기획사가 직원을 채용할 때 학원을 통해서 채용하던 시절이었거든요. 채용 관련한 인프라가 없던 시기였으니까요. 물론 프리챌, 코리아닷컴, 다음 등의 웹사이트가 있었지만 회사에 대한 정보를 파악하기는 어려웠죠. 학원을 통한 취업이 대세였어요.

3개월 학원 수강을 마치고 7월에 첫 면접을 봤어요. 송강호, 최민식 씨를 매니징(managing)하던 회사였는데 운 좋게 합격했죠. 당시 회사의 라이징 배우는 김석훈 씨였는데 드라마 〈토마토〉와 〈홍길동〉으로 최고 인기를 구가하던 배우였어요. 지금으로 치면 정해인, 박보검 씨 정도의 인기였으니까 아주 핫한 배우였죠.

그 회사에서 신인이었던 조한선 씨를 담당했어요. 로드 매니저(Road Manager)인 거죠. 그때 조한선 씨는 드라마를 하던 때는 아니었고 맥주 CF로 데뷔했고, 주로 광고 촬영을 많이 했어요. 강동원 씨와 친해서 잡지 화보 촬영도 같이하고 했죠.

2001년 7월부터 매니지먼트를 시작한 셈이니까 19년 정도 된 것 같아요. 20년은 아직 안 됐네요.

편 매니저 아카데미의 교육 과정은 어떤 내용이었나요?

원 계약서 작성하는 방법과 가수를 매니징한다면 어떤 무대 기획을 할지 등을 배웠어요. 지금 생각해 보면 좀 황당하기도 하죠. 신입 매니저가 계약서를 작성하고 무대 기획할 일이 뭐가 있겠어요. 그런 업무는 회사에서 일을 하다 보면 자연스레 배우게 되는 업무인데 말이죠. 오히려 현장 매니저에게 당장 필요한 건 방송국 위치라든지, 이동 경로는 어디가 가장 짧은지, 현장에서의 태도는 어떠

해야 하는지 등인데 말이죠. 기지도 못하는 애한테 뛰는 방법을 가르쳤던 것 같아요. 학원에서 배운 건 실무에 바로 적용하기 어려운 내용이었어요. 일하면서 다시 배웠죠.

요즘은 대학의 연예매니지먼트학과에서 체계적으로 배운다고 알고 있어요. 물론 학교에서 이론을 배웠더라도 현장에 투입되면 또 다르겠지만요. 아무래도 매니저라는 직업은 현장에서 배우는 게 가장 빠르죠.

학원에서 배운 내용이 실무에서 별 쓸모가 없었다 하더라도 저에겐 도움이 많이 됐어요. 좋은 회사에 취업할 수 있었으니까요. 만약 첫 회사가 영세했거나 좋지 않은 곳이었다면 매니지먼트 업무 자체에 실망해서 떠났을 수도 있었을 것 같아요. 다행히 "최민식, 송강호 배우와 한 솥밥 먹었다"라고 할 만한 경험을 할 수 있었어요. 그에 대한 자부심이 좀 있죠.

편 매니저를 하기 위해서 상경했다고 하셨는데 이 일을 하려고 했던 계기가 있나요?

원 고향이 예산군이에요. 시골이죠. 어릴 때 방학 때마다 서울에 있는 이모 댁에 놀러 왔어요. 서울에 오면 지하철 타고 63빌딩, 백화점 등을 다녔는데 그게 너무 좋았어요. 그래서 크면 무조건 서울에서 살아야겠다고 생각했죠.

학창 시절에 〈하이틴〉이라는 잡지가 유명했는데 잡지가 발간되면 항상 맨 처음 사서 볼 정도로 좋아했어요. 〈하이틴〉에는 연예인들 인터뷰가 나오잖아요. 그걸 읽으면서 나도 방송과 관련된 일을 해야겠다는 생각을 막연하게 하게 됐죠. 여담으로 제가 예산고등학교를 나왔는데 우리 동네에서는 줄여서 예고라고 불렀거든요. 그래서 다른 지역 사람들과 얘기할 때도 습관적으로 '예고'라고 했는데 그걸 '예술고등학교'라고 생각하더라고요.^^

아무튼 잡지를 읽으면서 방송에 대한 꿈을 키웠죠. 서울예전에 진학하고 싶었는데 여의치 않아서 전문대학 방송제작기술학과에 진학하게 됐어요. 대학에서 방송 제작에 관련된 걸 배우면서 현

1986년에 발간된 연예·교양 잡지로 청소년들에게 인기가 많았다. 1987년 11월호 표지 사진.

장 실습도 했는데 제작 쪽은 저하고 맞지 않더라고요. 제작 외에 방송과 관련된 일이 뭐가 있을까 하고 생각하다가 우연히 〈무한지대 큐, 사람이 좋다〉라는 프로그램을 보게 됐어요.

〈무한지대 큐, 사람이 좋다〉에서 '여성 매니저가 뜬다' 편이 방송된 걸 본 것이 결정적인 계기였던 것 같아요. 물론 그 프로의 포커스는 여성 매니저였지만 저는 매니저라는 직업 자체가 아주 멋있게 보이더라고요. 게다가 연봉도 아주 높았어요. 소개된 매니저 중 한 명은 급여가 월 780만 원이었고, 또 다른 사람은 1,200만 원이었거든요. 물론 방송이니까 직급이 높은 매니저를 소개했을 수도 있고 좀 부풀렸을 수도 있겠지만요.

그 방송을 보자마자 어릴 때의 꿈까지 더해져서 '그래, 나는 배우를 만드는 매니저가 돼야지'라고 생각하게 된 거죠. 당시 〈겨울연가〉로 일본에 한류 바람이 불 때이기도 해서 일본어 공부까지 할 정도로 의욕적으로 시작했어요.

편 배우 중심의 기획사인데 가수 매니지먼트를 하지 않는 이유가 있나요?

원 선택과 집중이죠. 그리고 제 첫 매니징과도 관련이 있어요. 제가 처음 담당한 연예인이 배우였기 때문에 배우가 더 익숙했고 잘

할 수 있다는 생각이 들었거든요. 같은 연예인이라 하더라도 가수와 배우 매니지먼트는 전혀 달라요. 예를 들어, 가수가 그룹인 경우에 한두 명이 문제가 있어서 탈퇴해도 크게 표시가 안 나요. 하지만 배우는 한 명이잖아요. 그 한 명이 문제가 있으면 모든 활동이 스톱이 되는 거죠. 그럼 배우 매니지먼트가 더 힘드냐고 묻는다면 딱히 그렇다고 할 수도 없어요. 배우는 가수에 비해 자본금이 많이 들어가지 않고 개인별로 매니징하는데 집중하기 때문에 배우 쪽이 훨씬 수월할 수 있다고 생각해요.

JYP 엔터테인먼트도 예전에는 가수와 배우 모두 매니지먼트를 했어요. 그러다가 어느 순간 배우 매니지먼트 사업 부문을 정리하고 아이돌 사업에만 집중하기 시작했죠. 아무래도 수장인 박진영 씨가 가수이다 보니 더 익숙하고 자신 있는 분야에 집중하겠다고 판단한 것 같아요. 그 정도로 배우와 가수는 전혀 다른 분야예요. 만약 제가 지금 가수 매니지먼트를 하려고 한다면 아마 밑바닥부터 다시 배워야 할 거예요. 힘들겠죠. 저는 그냥 제가 잘하는 일을 하려고요.^^

제가 일을 시작한 2001년에는 배우가 각광받는 시대였기 때문에 배우 중심의 연예기획사가 많았어요. 하지만 지금은 k-드라마, k-팝 할 것 없이 모두 세계적으로 유명해졌잖아요. 아마 앞으로는 매니지먼트 시스템이 세분화되면서 일이 점점 더 많아질 거라 생각해요. 가수, 배우뿐만 아니라 인플루언서, 유튜버, 인스타그래머 등이 중심이 되는 매니지먼트도 더 발전할 것 같아요.

편 이 일을 프러포즈하는 이유는 뭔가요?

원 저는 매니지먼트(management)를 무(無)에서 유(有)를 창조하는 일이라고 생각해요. 신인 연기자를 발굴하고, 상품성을 높여 수익성을 올리는 것뿐만 아니라 상품성이 검증된 배우들에 대해 다양한 유통경로를 개발하고 이렇게 만들어진 핵심 콘텐츠가 엔터테인먼트 시장에 선순환되어 큰 부가가치를 창출할 수 있도록 만드는 사업이죠.

기존에는 한두 명의 매니저에 의한 배우 관리가 대부분이었지만 최근에는 기획력과 시스템, 그리고 자본 및 유통을 갖춘 회사들에 의해 매니지먼트 시장이 움직이고 있어요. 또한 다양한 매체의 등장과 제작비의 상승 등으로 배우들의 스타 콘텐츠 시장도 점점 커지고 있죠.

매니지먼트 산업이 대형화, 시스템화하면서 배우들의 개런티 위주의 매출에서 다양한 콘텐츠 제작 및 유통을 통한 매출로 수익성 창출의 통로도 다양화하고 있고요. 특히 요즘에는 디지털 기술의 발달과 초고속 정보통신망을 통한 인터넷의 확산, 위성방송 등 각종 첨단과학기술로 인해 다양한 창구를 창출하여 엔터테인먼트 콘텐츠에 대해 One-Source Multi-use의 특성을 부여함으로써 그 수요 및 가치가 극대화될 수 있는 산업이죠. 이런 산업의 중심에서 일한다고 생각해 보세요. 짜릿하지 않나요?

그리고 일반 대중은 스타에 대한 동경이 있잖아요. 배우들의 연기에 공감하면서 울고 웃으면서 일상생활에 활력을 얻는다고 생각해요. 배우는 또 대중의 환호를 받아 힘을 얻고요. 연예 매니지먼트라는 일은 배우가 재능을 꽃피울 수 있도록 지원하고 끌어주는 일뿐만 아니라 스타성을 지닌 신인을 발굴하는 일을 할 수 있는 매력적인 직업이에요.

물론 시작은 현장 매니저로 시작해요. 일명 '로드 매니저'라고 부르기도 하죠. 어떻게 보면 운전면허증만 있으면 시작할 수 있는 일일 수도 있어요. 하지만 현장을 어떻게 파악하느냐에 따라 몇 년 후가 달라지는 직업이 바로 매니저예요.

매니저로 현장을 가면 많은 사람들 만나게 돼요. 감독, 조감독, 캐스팅 디렉터 등 제작과 관련된 사람들도 있고 또 다른 배우 매니저들도 있을 거예요. 이런 수많은 사람들과 만나면서 정보를 공유하고 어떻게 관계를 맺느냐가 아주 중요해요. 담당 배우 케어만 잘한다고 해서 유능한 매니저라고 할 수 없거든요. 영업적인 마인드가 있어야 해요. 사실 예전에는 술을 많이 마셨는데 요즘은 워낙 웰빙 라이프를 중요시하는 시대여서 그런 문화는 많이 사라졌고, 대신 취미 생활을 공유하는 노력이 필요해요. 예를 들면, 야구나 축구, 배드민턴 등의 스포츠를 하는 것도 방법이겠죠. 영업을 주로 하는 직급이 되면 골프를 많이 하더라고요. 아무래도 공기도 좋고 걸으면서 이런저런 대화를 이어갈 수 있기 때문인 것 같아요.

원석을 발굴해서 반짝이는 보석을 내가 만들었다는 자부심을 느끼고 싶은 청소년이라면 매니지먼트에 도전해 보세요.

촬영 현장을 배경으로 한 컷.

연예기획사 대표의 세계

하루 일과가 궁금해요.

편 하루 일과가 궁금해요.

원 보통 오전 7시 30분에는 사무실로 출근해요. 집이 경기도 하남이라 강남에 있는 사무실까지의 거리는 17㎞ 정도로 그렇게 멀다고 할 수는 없는데 출근 시간대에는 도로 정체가 심해요. 많이 막힐 때는 출근에 2시간 정도 걸릴 때도 있어요. 그래서 도로가 막히기 전에 일찍 출근하고 있어요. 운전하면서 특별히 할 수 있는 일도 없잖아요. 유튜브 청취하는 정도죠. 길에 버리는 시간이 너무 아까워요. 30분만 일찍 나서면 1시간이 편하죠.

우리 회사의 출근 시간은 10시 30분이에요. 코로나19 이후에 출근 시간을 조정했는데 시행해 보니 효율적인 것 같아서 계속 유지할 생각이에요. 사실 회사에 오래 있다고 해서 일을 잘하는 건 아니잖아요. 집중력이 중요한 거죠.

저는 회사 식구들이 출근하기 전 혼자 있는 시간이 참 좋아요. 그때 집중도가 높이 올라가는 편이에요. 아침에 출근해서 메일과 전날에 있었던 배우들 현장 상황에 대한 보고를 확인하고 그날 해야 하는 일들을 정리하고 나면 9시 정도 돼요. 그리고 9시 30분에 피트니스 센터에 가서 운동을 해요. 두 시간 정도 운동하고 회사로 다시 돌아오면 회사 식구들이 모두 출근해서 일을 하고 있죠.

주변에서는 제가 너무 일찍 출근하는 거에 대해서 직원들이 싫어할 수 있다는 얘기도 하는데 이제는 너무 일상이라 직원들도 당연하게 생각하고 있어요. 또, 운동을 아침에 하면 좋은 점이 있어요. 우리 회사는 신인 남자 배우들이 많은데 기본적으로 몸을 만들어야 해서 시간적으로 여유가 있는 신인일 때 운동하는 습관과 일찍 일어나는 습관을 들일 수 있도록 일부러 주 3~4회 정도 제가 운동하는 곳으로 불러서 같이 운동을 하고 있어요.

같이 운동하면서 신인 배우들의 영상 촬영도 할 수 있어서 일석이조예요. 러닝머신에서 달릴 때는 카메라를 아예 이 친구한테 포커싱해 놓고 인터뷰를 하기도 하죠.

어릴 때 성격은 어땠는지 등의 소소한 얘기를 하고 같이 샤워하고 밥을 먹으면 더 많이 가까워지는 것 같아요. 그렇게 몇 번 하다 보니 좋은 것 같아서 일부러 불러서 같이 운동하기도 해요. 어린 친구들이 회사 대표와 함께 할 수 있는 것이 있어서 좋아한다고 생각하고 있는데 우리 배우들은 싫어하려나?^^

매니저들의 현장지원으로 시간 맞추기가 어렵기도 하고 코로나 문제도 있고 해서 월 2회는 비대면 회의를 하고 있어요. 그렇지만 월 2회는 대면 전체회의를 해요. 아무래도 얼굴을 보고 이야기

소속 배우인 윤현수 씨와 함께 아침 운동을 하기도 한다.

나누는 게 저는 좋더라고요.^^ 회의에서는 현장 분위기는 어떤지, 배우들에게 고민이나 어려움이 있는지, 촬영 때 문제는 없었는지, 연기 디렉팅은 어땠는지 등을 확인하죠. 또 준비 중인 작품을 파악해서 오디션에 대비하기도 하고, 홍보팀에서 할 일을 지시하기도 하죠.

제가 좀 꼼꼼한 편이라서 일정이나 비용 등도 세세하게 확인해요. 너무 꼼꼼하게 확인해서 스트레스를 받기도 하는데 제 스타일을 바꿀 수가 없더라고요.

또 시나리오도 봐야 해요. 어떤 작품이 우리 배우에게 맞을지, 어떤 내용인지, 성공 가능성은 있는지 등을 점검하면서 시나리오를 보죠. 결정된 작품인 경우에는 어떻게 하면 우리의 배우가 빛이 날 수 있을지를 고민하고 배우와 같이 대본 리딩을 하기도 해요. 테스트 영상을 찍어서 분석하죠.

저녁에는 방송 관계자나 광고주(광고 브랜드 마케팅 담당자), 현업에 있는 대표들, 스타일링을 담당하는 분들과의 약속을 자주 갖는 편이에요. 정보 교류의 목적도 있지만 서로 다른 직군이라 하더라도 이야기를 나누다 보면 모두가 같은 이야기를 하고 있다는 생각이 들어서 영감을 받을 때가 많아요. 그리고 서로 인생 이야기도 하는 거죠.

일하는 곳은 어디인가요?

편 일하는 곳은 어디인가요?

원 주로 사무실에서 기획에 관한 일을 많이 하는 편이에요. 업계 관계자들과의 외부 미팅도 하고, 소속 배우의 촬영 현장에도 종종 나가요. 내일은 소속 배우가 출현하는 드라마의 고사(告祀)가 있는 날이에요.

우리나라는 대부분의 드라마나 영화 촬영장에 앞서 돼지머리를 올려놓고 고사를 지내는 게 일반적이에요. 작품의 성공과 무사

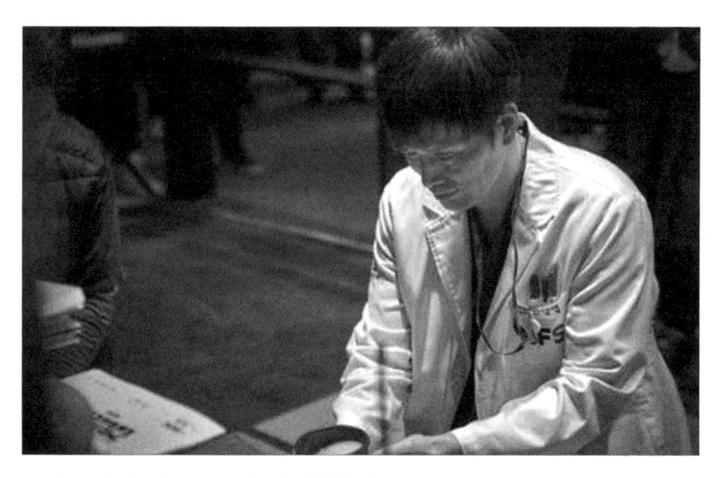

드라마 <검법남녀2> 고사 현장의 정재영 배우.

고를 기원하는 거죠. 제작진과 배우들이 나와서 절을 하는데 매니저들도 부르죠.

신인 배우인 경우에는 아무래도 어색하기도 하고 긴장도 될 테니 회사 대표가 참석하면 자신감을 줄 수 있어서 좋을 것 같아서 저도 참석하려고 해요. 현장 분위기를 촬영할 수도 있어서 좋은 기회죠. 다른 매체에서 촬영하기도 하지만 자체적으로 카메라를 설치하는 경우도 있어요.

편 소속 배우의 촬영 현장에 자주 방문하는 편이신가요?

원 중요한 신(scene) 같은 경우에는 가서 모니터를 하기도 해요. 현장 분위기를 파악할 겸 찾아가는 경우도 있고요. 사실 웬만하면 가려고 하는데 촬영 장소가 멀어서 한 번 다녀오면 하루 대부분이 날아가니까 다른 중요한 일이 있을 때는 못 가는 경우가 많죠.

요즘 트렌드가 촬영 현장에 커피 차, 간식 차 등을 많이 보내잖아요. 그럴 때는 가서 보는 게 좋아요. 아무래도 힘이 되니까요.

편 현장 매니저는 배우가 드라마를 찍을 때까지 계속 현장에 있는 건가요?

원 그렇죠. 현장 매니저뿐만 아니라 스타일리스트와 헤어, 메이

촬영 현장에 커피 차와 함께 방문해 소속 배우를 응원하기도 한다. 드라마 <펜트하우스> 촬영장에서 김영대, 천희주 배우와 함께.

크업 스태프들도 같이 가죠. 또 중요한 장면이 있을 때는 콘텐츠팀도 보내요. 현장 매니저는 거의 같이 붙어 있다고 보면 돼요. 촬영이 끝나고 집에 데려다주고 퇴근을 해야 하고, 촬영 시작 전에도 배우를 픽업해서 메이크업 숍에 데려다줘야 하니까요.

그리고 현장에서 일어나는 일들을 업무용 메신저를 이용해서 공유하는 일도 하죠. 회사와 다른 촬영장에 있는 매니저들과 그렇게 의견을 교환하고 있어요.

편 배우가 촬영 중일 때도 현장 매니저가 하는 일이 많네요.

원 그렇죠. 예기치 못한 돌발 상황이 생기니까요. 예전에는 급하게 보고하려면 휴대폰을 사용해야 했는데 휴대폰 비용을 지원받지 못하는 경우에는 아주 곤란했어요. 월급도 박봉인데 한 달에 전화 요금으로 20만 원씩 나오면 감당하기가 어려웠거든요. 지금이야 통화료는 월정액이고 모바일 메신저가 있어서 큰 부담이 없지만요. 좋은 시대에 살고 있는 거죠.^^

편 배우에게 필요한 스태프 구성은 어떻게 되나요?

원 현장 매니저, 메이크업, 헤어, 그리고 스타일리스트가 필요해요. 메이크업, 헤어, 스타일리스트 팀원들은 소속이 아닌 파트너십으로 건당 계약을 맺는 경우가 많고 매니저 팀원들은 소속으로 하는 경우가 많아요.

헤어, 메이크업은 배우가 준비할 수도 있고 촬영 현장팀에서 준비하는 경우도 있어요. 사실 몇 신(scene) 안 되는 에피소드 배역이라 하더라도 신인 입장에서는 굉장히 중요하잖아요. 그런데 너무 과하게 준비하면 현장에서는 "신인인데 너무 오버 아니야?"라는 눈초리도 있어요.

그런 면에서는 드라마 현장팀을 이용하는 것이 나을 것 같기도 하지만 현장팀이 담당해야 하는 인원이 워낙 많기 때문에 원하는 메이크업을 요구하기가 어렵죠. 신인이라 하더라도 회사와 오래 손발을 맞춘 헤어, 메이크업 팀이 현장에 가는 것이 안심이 돼요. 물론 영화나 넷플릭스 같은 경우는 헤어, 메이크업 스타일링은 전적으로 제작사에서 모든 배우를 담당하기 때문에 매니저를 제외하고는 현장에서 모두 이루어지죠.

소속 연예인이 대부분 신인인데, 신인 발굴에 주력하는 특별한 이유가 있나요?

편 소속 연예인이 대부분 신인인데, 신인 발굴에 주력하는 특별한 이유가 있나요?

원 이런 예를 들면 어떨까요? 그림을 그리는 데 아무것도 없는 빈 도화지를 구입할지, 밑그림이 있는 도화지를 구입할지, 아니면 완성된 그림을 구입하고 관리만 할 것인지를 선택해야 한다고 생각해 보세요.

만약 톱배우를 매니지먼트한다면 어떨까요? 이 배우를 어떻게 새롭게 만들 수 있을까요? 아마 힘들겠죠. 하지만 신인은 말 그대로 빈 도화지에 밑그림부터 그리는 거잖아요. 이 친구들의 색을 푸른색으로 할지, 다크 그레이로 할지, 아니면 노란색으로 할지부터 정하고 그릴 수 있는 거죠. 그렇게 해서 완성됐을 때 그것이 바로 저의 포트폴리오가 된다고 생각해요.

사실 저는 현장을 많이 뛰지는 않았어요. 입사해서 4개월 정도 현장 근무하고 이후에 나가본 적이 별로 없어요. 대학 졸업하고 군대 다녀와서 27살에 일을 시작했는데, 당시에는 매니저로서는 좀 늦은 나이였죠. 게다가 제가 담당하던 배우가 회사를 나가게 되

매니지먼트는 원석을 발굴해서 반짝이는 보석을 만들어가는 과정이다.

는 바람에 신인을 맡게 되었거든요.

신인이라 그런지 드라마 촬영보다는 잡지나 광고 촬영이 많았는데 덕분에 기자, 모델 에이전시 담당자, 광고팀들과 친해졌죠. 그러면서 짧은 기간에 계약서 작성 등의 사무적인 일들을 많이 경험하게 됐어요. 그리고 담당 배우였던 조한선 씨가 당시 인기 있던 시트콤인 〈논스톱〉에 캐스팅되면서 배우가 성장하는 과정을 빨리 배우게 된 거죠.

나도 가능성 있는 신인을 찾아 스타로 만들 수 있겠구나 하는 생각을 하게 됐어요. 그런 생각을 하면서 캐스팅을 시작하게 된 거예요. 물론 바로 회사를 설립한 것은 아니고 다른 회사에 들어가서 신인을 발굴하기 시작한 거죠. 그렇게 같이 성장한 것 같아요.

만약 제가 첫 회사에서 최민식 배우의 매니저로 시작했으면 영화 현장만 다니지 않았을까 생각해요. 물론 현장 경험은 많이 쌓았겠지만 최민식 배우는 그때도 이미 톱배우였기 때문에 제가 뭘 결정할 수 있는 위치는 아니었거든요. 그냥 시키는 일과 현장 케어 업무에 바빴을 것 같아요.

그런데 신인 배우들은 마치 무(無)에서 유(有)를 창조하듯이 아무것도 없이 시작했는데 점차 성장하는 걸 보니까 내 노력에 따라 얼마든지 스타를 만들 수 있겠구나 하는 자신감이 생기더라고요. 물론 쉬운 일은 아니고 연륜이 많이 쌓여야 하겠지만요.

저는 무에서 유를 만든다는 것에 대한 기대가 커요. 그에 따르는 가치도 크고요. 물론 신인은 비용이 계속적으로 들어가고, 그에 비해 수입은 미비하기 때문에 당장 수익을 낼 수는 없어요. 하지만 저는 이 기간을 최대한 짧게 하려고 해요. 보통 배우와의 계약이 7년이거든요. 이 기간을 세분화해서 투자 기간 2년, 그리고 남은 5년을 수익이 나는 구조로 만들려는 거죠. 참 이상적이지만 현실은

호락호락하지 않아요.

원석을 발굴해서 반짝이는 보석을 내가 만들었다는 자부심과 회사의 브랜드 가치를 높이고, 이익을 내는 일, 이것이 바로 제가 하고 싶은 일이에요. 이런 이유로 저는 신인이 좋아요. 그리고 제가 가장 잘할 수 있는 일이 신인을 발굴하는 것이라는 자신감도 있고요. 최종적으로 신인을 가장 잘 발굴하고, 가장 잘 기획하고, 가장 잘 만드는 회사를 운영하는 것이 제 목표예요.

신인은 어떻게 발굴하나요?

편 신인은 어떻게 발굴하나요?

원 신인을 세 부류로 나눌 수 있어요.

첫 번째는 말 그대로의 신인. 신인이라고 말하기도 애매한 경우죠. 영화나 드라마를 보고 배우가 되고 싶다고 생각하고 이제 시작하려는 친구들을 말해요.

두 번째는 준비된 신인. 배우가 되고 싶어 나름 초반 작업(본인의 스타일링과 프로필 작업)을 하고 연기도 어느 정도 준비해 온 신인이죠. 이런 신인의 경우는 아직 매니저 눈에 띄지 못한 친구들이 많아요. 준비된 신인 같은 경우는 단편영화를 보고 캐스팅한 배우들도 있어요. 그런 배우들은 사실 초기 비용이 많이 들지 않아요. 연기 재능이 있으니까요. 이런 경우는 어떻게 기획을 할지가 관건이죠. 이런 친구들이 제일 어려워하는 게 공중파 드라마나 상업영화를 하고 싶은데 캐스팅될 루트가 없다는 거예요. 오디션 볼 기회도 없는 거죠. 이런 준비된 신인인 경우에는 오디션 기회를 많이 마련해 줘야 해요.

그리고 세 번째는 중고 신인. 영화나 드라마를 많이 하긴 했는데 이름이 알려지지 않은 경우죠. 포트폴리오는 많은데 대중들에

최웅 배우가 출현하는 드라마
<누가 뭐래도> 포스터.

게 각광을 받지 못하는 안타까운 상황이에요. 하지만 이런 경우에는 제가 보기에는 기회가 오면 잘 될 수 있다는 감이 오는 친구들이 있어요. 우리 회사에도 〈태양의 후예〉, 〈백일의 낭군〉, 〈도깨비〉 등에 출연했던 배우가 있어요. 바로 최웅 배우인데요, 얼마 전에 KBS1 일일드라마 〈누가 뭐래도〉의 주인공으로 발탁됐어요. 이렇듯이 기회만 주어진다면 언제든지 주연 배우로 만들 수 있는 원석들이에요.

편 경험이 전혀 없는 신인은 리스크가 많을 것 같아요.

원 아무래도 위험 부담이 있죠. 하지만 그런 만큼 잘됐을 때는 더 성취감이 높죠. 우리 회사의 김영대 배우도 말 그대로 신인이었어요. 예고를 다녔거나, 연기 학원을 다녀본 적도 없는 그야말로 생신인이었죠.

심지어는 중국에서 유학 중이였는데 방학 때 저와의 만남으로 갑자기 배우가 된 케이스예요. 이런 경우는 처음부터 하나하나 가르쳐야 하기 때문에 초기 투자(연기, 스타일링, 그리고 서로가 알아가야 하는 시간들)를 많이 해야 하죠.

재능 있는 신인을 찾는 게 쉬운 일은 아닌 거 같아요. 대표님만의 팁이 있나요?

편 재능 있는 신인을 찾는 게 쉬운 일은 아닌 거 같아요. 대표님만의 팁이 있나요?

원 일단 동종 업계에서 소개하는 지망생들에게는 많은 기대를 하지 않아요. 스타가 될 재목이라면 왜 저에게 추천하겠어요? 사실 본인도 마음에 안 들었으니까 저에게 추천하는 거겠죠.

물론 다른 지인들이 부탁하는 경우도 있어요. 그런 경우에는 무조건 거절하기는 어렵잖아요. 그렇다고 마냥 만날 수는 없어요. 만나는 게 어려운 일은 아니지만, 진정성 있게 신인 배우를 들여다보고 조언해 주려고 하기 때문이죠. 저도 제가 어릴 때 매니저로 일하고 싶었던 간절함을 알기 때문에 그들의 꿈을 위해 잘못된 부분에 대해 거의 한 시간 이상을 이야기해 주곤 해요. 그러고 나면 온몸에 힘이 빠지는 것 같아요. 좋은 일이긴 하지만 힘든 일이죠. 그래서 직접 만나는 것보다 인스타그램 같은 SNS 주소를 물어보고 거길 먼저 들여다봐요.

개인 SNS 계정에 있는 사진은 본인이 업로드한 거잖아요. 본인이 생각하기에 좋은 사진만 골라서 올리기 때문에 예쁘게 찍힌

인스타그램을 통해 가능성 있는 원석을 발굴할 기회를 많이 찾고 있다.

사진들이 많이 있죠. 그런데 그중에 한두 개는 안 예쁜 사진들도 있거든요. 자신이 셀렉트한 사진인데 평범하다? 그렇다는 건 그 사진이 사실은 원래 모습에 더 가까울 수 있다는 거예요. 그런 방식으로 살펴보면 시간을 절약하면서 판단도 빠르게 할 수 있죠.

저의 판단 기준은 명확해요. 사진상에서 괜찮다는 느낌이 들면 인스타그램에 올린 사진 배열까지 외울 정도로 자세하게 봐요. 그리고 가능성 있는 친구를 대면 미팅으로 사무실에서 만나죠. 그런데 가장 중요한 건 첫 3초예요. 이 친구가 회사에 들어오는 순간에 모든 것이 결정된다고 해도 과언이 아니죠.

그 순간의 이미지가 저에게 각인되면서 감이 팍 오거든요. 그리고 눈이 중요해요. 제가 표현력이 부족해서 말로 설명할 수는 없는데 제가 좋아하는 눈이어야 해요. 눈이 마음에 들지 않으면 다 좋아도 싫어요. 1순위가 첫 이미지이고 2순위가 눈인 셈이죠.

톱배우들은 눈에 카리스마가 있어요. 그냥 예쁘기만 해서는 정점을 못 찍더라고요. 특히 여자 배우들을 볼 때 카리스마를 더 주목해서 보는 편이에요. 나이는 어리지만 대하기가 쉽지 않다는 느낌이 드는 친구들이 있어요. 그런 친구들이 잘 돼요.

남자 배우인 경우에는 이미지 상상을 해 봐요. 헤어가 변했을 때의 이미지, 얼굴살이 좀 빠졌을 때의 이미지, 어깨가 넓어졌을 때의 이미지, 패션 스타일을 바꿨을 때의 이미지 등을 상상해 보는 거죠. 그러면 1~2년 후 어떻게 성장할지 가늠이 되거든요. 다만 다리 길이는 봐요. 키가 아무리 커도 비율적으로 다리가 짧으면 밸런스가 좋지 못하니까요.

제가 최근에 발굴한 신인이 있는데 이 친구는 더군다나 군대를 다녀왔어요. 제가 인스타그램을 보다가 가능성을 보고 제안했죠. 지방에 거주하고 있는 친구였는데 제 제안을 받고 서울로 올라왔어요.

그 친구의 경우에는 제가 섭외하는 순간부터 시작해서 모든 과정을 영상 기록으로 남겨두고 있어요. 인스타로 주고받은 메시지, 서울 상경했을 때의 모습, 술자리에서의 허심탄회한 모습, 계약 과정까지 모두 촬영해 놨어요. 운 좋게도 계약 직후 바로 광고 촬영을 하게 돼서 광고 촬영하는 과정, 영어와 연기 수업 과정 등도 모두 촬영했죠. 이런 것들이 모두 배우를 홍보할 수 있는 재료가 되거든요. 처음 캐스팅하는 단계부터 계획을 했기 때문에 시즌제로 만들 생각이에요. 시즌 3까지 하면서 신인상을 받는 것이 목표예요.

편 지인이 소개했는데 가능성이 없는 경우에는 난처하겠네요.

원 그렇죠. 하지만 솔직하게 말해요. 예쁘기만 한 외모와 배우가 지니는 매력은 또 다르니까요. 얼마 전에도 지인의 딸이 배우가 되고 싶어 한다며 한 번 만나 달라는 부탁이 있었어요. 그래서 프로필을 봤는데 아주 여리여리한 이미지인 친구예요. 헤어스타일이나 패션 취향도 공주풍이더라고요. 그런데 목소리가 너무 허스키한 거예요. 깜짝이야!

만약 감독이 프로필을 보고 여리여리한 이미지가 캐릭터에 맞아서 미팅을 요청했다면 어떻겠어요? 외모와 전체적인 느낌이 다르면 문제죠. 본인에게 맞는 이미지를 만들 수 있어야 배우로 성장할 수 있어요.

이런 경우에는 이미지를 중성적으로 어필하는 것이 방법이죠. 헤어스타일도 짧게 해 보이시한 스타일로 만들어야 하는데 그런 생각을 못 하는 거죠. 몇 가지 조언을 좀 했더니 아예 배우를 접고 유튜브 크리에이터를 열심히 하겠다고 했다고 해요. 지인에게는 딸을 제자리로 돌려놔 줘서 고맙다는 감사 인사를 받았어요.^^ 이런 식으로 지인들의 소개를 받는 경우가 있는데 확률은 낮죠.

첫 배우는 누구였나요?

편 첫 배우는 누구였나요?

원 조한선 씨였어요. 신인에서 출발해서 MBC 시트콤인 〈논스톱〉에 출현할 때까지 1년 6개월을 같이 했어요.

당시 조한선 씨 집이 부천이었는데 그때는 서울 지리도 잘 모르고 내비게이션도 없을 때라 목적지까지 가려면 지도책부터 펴야 했어요. 그렇게 조한선 씨를 담당했는데 활동이 많아지면서 회사에서 현장 매니저를 따로 뽑아주더라고요. 같이 다닐 때는 끈끈했는데 확실히 현장 가는 횟수가 줄어들다 보니 안 보면 멀어진다고 조금씩 서로에게 소원해진 것 같아요.

그런 경험 때문에 대표가 된 지금도 소속 배우들의 현장에는 자주 가려고 하는 편이에요. 다른 업무와 미팅으로 현장을 가지 못하게 될 경우는 따로 저녁 자리를 가지려고 노력해요. 배우가 어떤 생각을 하는지, 요즘 고민거리는 없는지, 서로 밥 먹으면서 이야기하다 보면 자연스럽게 교류가 되니까요.

소속 배우들과의 저녁 식사를 하며 이야기를 듣곤 한다.

일을 하면서 기억에 남는 에피소드도 많을 것 같아요.

편 일을 하면서 기억에 남는 에피소드도 많을 것 같아요.

원 아무래도 매니저 초창기 때가 기억에 남네요. 조한선 배우가 한창 CF를 많이 찍을 때였어요. 해외에서도 촬영이 많았는데 그때는 신인이라 매니저 동반 비용이 따로 책정이 안됐어요. 그래서 저는 따라가지 못했고, 조한선 씨 혼자 가는 경우가 많았어요.

그런데 태국에서 망고 아이스크림 광고를 촬영하게 됐는데 매니저인 저도 동반하게 됐어요. 일찍 공항에 도착했죠. 게이트로 들어가야 하는 시간이 1시라고 알고 있었는데 광고 회사 스태프 중 한 명이 저한테 1시 40분이라고 얘기하더라고요.

시간이 좀 있으니까 면세점에서 쇼핑하고 있는데 전화가 왔어요. 조감독이었는데 "비행기 타셨죠?" 하는 거예요. 시간 여유 있어도 스태프들은 빨리 오라고 하는 경우가 많으니 그런 줄만 알았죠. 느긋하게 걸어갔는데 게이트를 닫았다는 거예요.

광고 회사에서는 다음 비행기 타고 오면 촬영이 늦어지니 촬영 지연에 따른 비용을 청구할 수 있다고 하는데 진짜 하늘이 노랗더라고요. 여기저기 전화하고 난리도 아니었죠. 발을 동동 구르고 있는데 기장이 조한선 씨를 알아보고 승객들에게 양해를 구하고 비행기를 후진한다는 거예요.

나중에 알고 보니 비행기는 후진을 못 한다고 하더라고요. 그러니까 후진한다는 게 진짜 후진은 아니고 비행기를 견인하는 트랙터로 끌고 오는 거더라고요. 아무튼 그렇게 끌고 와서 타니 40분 정도 연착돼서 손님들은 항의하고……. 그때 잘릴 줄 알았어요. 그게 트라우마로 남아서 그 후로는 스케줄표를 여러 번 확인하는 버릇이 생겼어요.

그 외에 실수는 아니지만 드라마 편성이 겹치는 일이 생겨서 편성을 바꾼 적도 있었어요. 같은 시간대에 두 방송국 드라마에 출연하는 건 도의적으로 안 되는 일이잖아요. 사실 편성을 바꾼다는 것이 쉬운 일은 아니기 때문에 좀 아찔했죠.

매니지먼트를 하면서 제 경우는 유별나게 남들이 경험하지 못하는 그런 일들을 많이 겪었던 것 같아요.

그동안 대표님이 발굴한 배우들을 소개해 주세요.

편 그동안 대표님이 발굴한 배우들을 소개해 주세요.

원 제가 발굴한 배우 중에는 김남길 씨가 대표적이에요. 그때 당시는 제가 담당하던 배우들이 열정이 없어서 좀 속상하던 시기였어요. 오디션을 잡아 줘도 여행이 잡혀 있다고 참가하지 않는 경우도 있었고요.

그래서 아는 포토그래퍼랑 술 마시면서 고민을 털어놓고 있었는데 그분이 최근에 MBC 공채 탤런트* 프로필 촬영을 했는데 그 중에 진짜 괜찮은 신인이 있다는 거예요. 한번 보실래요? 하더니 그 자리에서 바로 전화를 하는 거예요. "남길아, 난데 여기 내가 되게 좋아하는 실장님 있는데 한 번 올래?" 이렇게 된 거죠.^^ 집이 용인이었는데 신사동까지 진짜 빨리 왔어요.

그렇게 보게 됐는데 보이스도 좋고 스타일이 진짜 괜찮더라고요. 2003년에 공채 합격하고 기대를 모았는데 갑작스러운 뺑소

* 공채 탤런트 : 1990년대까지만 하더라도 배우가 되는 길은 방송사의 공채 시스템으로 방송국 탤런트가 되는 것이 일반적이었다. 하지만 연예기획사가 활성화되면서 점차 폐지되었다. MBC는 2004년, KBS는 2008년, SBS는 2009년까지 공채 탤런트를 뽑았다.

니 사고로 무릎 인대 부상과 단기 기억상실증 등으로 6개월간 병원 신세를 지게 되면서 활동을 못하고 있었던 때예요. 공채이기 때문에 2년 동안 계약이 되어 있었는데 MBC 외에 타 방송사 활동은 못하고 있어서 고민이 많을 때였죠.

제가 생각한 건 영화를 찍자는 거였어요. 단편영화에 출연했는데 연기력으로 이슈가 꽤 됐고 때마침 MBC 일일드라마 〈굳세어라 금순아〉에서 주인공 남편 역으로 캐스팅이 됐어요. 등장한 지 일주일 만에 교통사고로 병원에 실려가 의사의 판단 미스로 사망하는 역할이라 아쉽긴 했지만요. 그런데 반응이 좋아서 귀신으로 몇 번 더 출연을 했어요.^^

그 후에 노희경 작가 드라마에 출연하는 등 착실하게 필모그래피를 쌓아나갔어요. 저희가 그 드라마에 참여하려고 노력을 많이 했어요. 감독님 책상 위에 아침마다 '아침햇살' 음료수를 가져다 놓기도 하고요. 〈굿바이 솔로〉라는 드라마였는데 그거 출연하고부터 잘 되기 시작한 거 같아요. 그리고 〈선덕여왕〉의 '비담'을 맡고 스타가 됐죠.

윤승아 씨는 정말 길거리 캐스팅이었어요. 코엑스에서 지나가다가 보고 제가 명함을 주고 '싸이월드'를 통해 1년 동안 대화를 주고받다가 저에 대한 신뢰가 생겼다며 하겠다고 하더라고요. 당시

회사 벽면 한 쪽에는 소속 배우들과 회사의 건승을 비는 수많은 연예인들의 사진들이 있다.

에 조선대학교 미술섬유학과를 다니고 있었는데 미술 재료 사러 코엑스에 왔었던 거예요.

김다솜 씨도 있어요. 저희 회사에서 안양예고 재학생을 대상으로 오디션을 했는데 그때 김다솜 씨가 눈에 띄었어요. 근데 가수를 하고 싶다고 해요. 저는 가수 쪽 매니지먼트를 못 하니까, 그 선에서 인연이 끝나게 됐죠.

하연수 씨는 가발 회사 모델을 하던 때에 보게 됐는데 처음에는 일본인인 줄 알았어요. 여기저기 수소문해서 울산에 있는 고등학교에 다니고 있다는 걸 알았죠. 바로 찾아가서 만났죠. 그때 하연수 씨는 연기보다 밴드 음악에 더 빠져 있던 시기였어서 계약은 하지 못했어요.

여러 가지 사정으로 저와 인연이 되지 못한 분들도 많은데 저는 일단 가능성이 있는 사람이다 싶으면 앞뒤 가리지 않고 찾아가는 스타일이에요. 최근에 발굴한 신인으로는 김영대 배우부터 다시 시작이라고 할 수 있죠.

아우터코리아에서 최근에 발굴한 신인 배우들.

현재 라이징 스타는 누구인가요?

편 현재 라이징 스타는 누구인가요?

원 제가 누구라고 콕 짚으면 다른 친구들이 많이 서운해할 것 같아요. 이렇게 말하는 게 좋을 것 같아요.

'가능성 있는 신인이 많이 있는데 올해 가장 빨리 보여줄 수 있는 배우는 누구인가?'라는 질문에 대한 답을 드릴게요. 올해는 김영대 배우와 두 명의 배우가 준비 중에 있어요.

김영대 배우가 출현하는 드라마 <펜트하우스>, <바람피면 죽는다> 포스터.

소속 배우들은 계획대로 잘 성장하고 있나요?

편 소속 배우들은 계획대로 잘 성장하고 있나요?

원 물론이에요. 다른 회사에서 볼 때는 이 정도면 정말 빠른 속도 아니냐고 할 정도죠. 물론 제가 원래 기획했던 것보다는 좀 늘어진 감이 있긴 하지만 이 일이 사람이 중심이 되는 일이다 보니 계획에 딱 맞출 수는 없어요. 시간을 투자해야 하는 일이기도 하고요.

사실 저희가 놓친 드라마가 2개 있어요. 하나는 전체 대본 리딩, 배우 회식, 테스트 촬영까지 마쳤는데 마지막에 안됐어요. 이미지는 딱 맞았지만 시대 배경이 80년대 후반의 학생운동 시기라 그 감성을 보여줄 수 있어야 하는데 감독이 생각하는 감성이 아니라는 거죠. 이게 잘 됐으면 제가 계획했던 시기가 당겨졌을 텐데 좀 아쉽긴 해요. 사람이 하는 일이다 보니 변수는 얼마든지 있을 수 있죠.

편 가능성이 있어서 발굴했는데 잘 안된 경우도 있겠네요.

원 그렇죠. 조한선 씨를 담당하고 나서 제가 아주 자신감이 올라갔어요. 필름 현상소에 붙은 사진을 보고 픽(pick)을 했죠. 어찌어찌 만났는데 일명 자뻑이 좀 있는 친구더라고요. 자기애가 있는 건 좋지만 자아도취는 경계해야 하거든요. 나중에 소위 말하는 '배우병'이 심하게 들 수 있어요. 이런 사람들은 나중에 꼭 후회해요.

그 친구가 일단 외모도 좋고, 목소리도 좋고 스타성이 있었는데 노력을 안 했어요. 연기 연습을 열심히 해야 하는데 자신이 연기를 잘한다고 착각하고 자만했어요. 외모로는 이슈가 될 수 있겠지만 결국 배우로 성공할 수는 없는 거죠.

사실 될 성싶은 떡잎은 처음부터 알게 되어 있어요. 일단 시간 약속을 잘 안 지키는 사람은 기본이 안 돼 있는 거예요. 저는 항상 그렇게 얘기해요. 버스, 지하철 타고 다니다가 얼굴이 알려지면 매니저가 데려다주는 생활을 하게 되잖아요. 여기서부터 변화가 시작돼요. 유명 배우들과 같이 촬영도 하고, 술도 같이 마시고, 사람들이 배우님이라고 대우해 주면 내가 스타가 된 것 같은 생각이 들면서 정신을 놓치는 순간을 조심해야 한다고 말해요. 물론 사람은 변하게 되어 있어요. 그런데 서서히 변해야 하는데 갑자기 변하면 문제가 생기는 거죠. 급하게 먹으면 체하는 것처럼요.

소속 배우가 기본을 잘 지킬 수 있도록 하는 것도 매니지먼트에서 중요한 일이에요. 그리고 저는 계약서에 '1년 동안 아무런 결과물이 없으면 서로 계약을 해지한다'는 조항을 넣어놨어요. 배우가 열심히 노력하는데 회사에서 아무 일도 마련하지 못하면 안 되는 것이고, 반대로 회사에서 아무리 오디션 자리를 많이 잡아줘도 배우가 배역을 따내지 못하면 안 되는 거죠. 그렇게 명시해놓은 것 외에도 일단 6개월 동안 지켜보면서 연기 연습을 성실하게 하는지 등을 봐요. 현재 저희 배우들은 다들 열심히 하는 친구들이에요.

에디슨이 한 명언 중 제가 좋아하는 말이 있는데요.

"어제와 같은 오늘을 살면서 내일이 바뀌길 기대하는 것은 정신병 초기 증세다."

저는 이 말을 "오늘 해야 할 일을 내일이 되어도 하지 않으면서 후회만 하는 것은 어리석다"라는 뜻으로 해석하고 있어요. 그만큼 오늘 할 일을 오늘 끝내라는 것이죠.

이 일을 하면서 가장 큰 어려움은 무엇인가요?

편 이 일을 하면서 가장 큰 어려움은 무엇인가요?

원 아무래도 우리 회사가 신인 위주로 운영되다 보니 그에 따른 어려움이 있어요. 첫 번째는 수입원이 크지 않다는 것이고, 두 번째는 캐스팅이 잘 안 된다는 거예요. 캐스팅이 안 되면 사실 정신적으로 진짜 힘들거든요. 그럴 때는 여러 가지 생각이 들죠. '왜 안 됐지? 연기가 아직도 부족한가? 회사 규모의 차이인가? 등의 생각도 들고요.

편 어떻게 해결하나요?

원 무조건 열심히 하는 수밖에 없죠.^^ 지금 촬영 중인 드라마 중에 〈날아라 개천용〉이라는 드라마가 있어요. 억울한 누명을 쓴 사법 피해자들의 목소리를 세상에 대변하는 두 변호사의 이야기인데 법정물이다 보니 매회 사건을 해결해 나가는 에피소드가 등장해요. 1, 2회 에피소드에 우리 배우가 출연했거든요.

아버지를 죽여서 법정에 서는 장면 촬영을 해야 하는데 그 감정이 쉽지 않잖아요. 어릴 때 아빠가 엄마를 때리는 많이 봤는데 이번에는 할머니가 죽을 거 같아서 자신도 모르게 죽였다면서 오

소속 배우의 드라마 촬영 현장에는 종종 가는 편이다. 드라마 <날아라 개천용> 촬영 현장.

열을 터트리는 장면인데 연기를 너무 잘했어요. 드라마가 방영되고 나면 캐스팅 관련해서 연락이 좀 올 거라 기대하고 있어요. 트렌디한 마스크에 연기도 꽤 한다는 입소문이 나겠죠.

편 일을 할 때 가장 고민되는 부분은 무엇인가요?

원 사실 고민되는 부분은 회사 직원들이에요. 배우들과 마찬가지로 회사에 있는 스태프들도 같은 방향을 바라보고 같은 생각으로 움직여야 하는데 서로 맞지 않으면 좀 힘들어지죠.

매니저가 담당 배우들에게 상황을 설명할 때 회사의 입장을 잘 전달해야 하는데 사적으로 친하면 두루뭉술하게 얘기할 수도 있거든요. 이런 일이 몇 번 반복되면 배우들과 회사 사이에 작은 벽이 생기기 시작하죠. 그래서 저는 직원이든 배우든 사람에 신경을 많이 쓰는 편이에요. 배우들에게도 같이 일하는 스태프들이 가장 중요하다고 강조하고 있고요.

마지막으로 저는 같이 일하는 스태프들에게는 어느 누가 회사의 방향을 물어봐도 똑같이 대답할 수 있도록 하는 것이 가장 기본이라고 생각해요.

일을 잘 수행하기 위해 따로 노력하는 것이 있나요?

편 일을 잘 수행하기 위해 따로 노력하는 것이 있나요?

원 음… 하나를 갖기 위해서는 하나를 포기해야 한다고 생각해요. 그래서 스스로를 피곤하게 만드는 편이에요. 저 자신에게 관대하지 않은 거죠. 예를 들면, 제가 출근을 아주 일찍 한다고 했잖아요. 아침잠이 없어서 일찍 일어나는 게 아니거든요. 그 시간에 일어나는 것부터 저와의 싸움이에요. 회사에 출근해서도 계획한 대로 움직이기 때문에 저 스스로가 아주 피곤하죠. 다른 사람들이 볼 때도 진짜 피곤하게 산다고 하고요. 그런데 편한 것만 추구하면 성공할 수 없잖아요.

저는 의자에 앉을 때도 허리를 기대지 않으려고 노력해요. 자세가 늘어지는 것을 방지하는 거죠. 하나부터 열까지 저를 통제하고 있어요. 그러다 보니 배우들의 문제점도 많이 보여요. 하지만 한꺼번에 다 얘기하지는 않아요. 고쳐야 할 사항이 열 가지라면 너무 막막하죠. 그래서 우선 하나만 고치자고 말해요. 그게 되고 나면 이거 하나만 더 하자는 식으로 차근차근 단계를 밟게 하고 있어요.

시간이 날 때는 어떤 일을 하나요?

편 시간이 날 때는 어떤 일을 하나요?

원 그림이나 만화 그리기를 즐겨 해요. 얼마 전에도 취미 삼아 우리 배우들의 이모티콘을 그려서 카카오톡에 제안했는데 채택되지는 않았어요.^^ 애플 펜슬 팁이 다 닳을 때까지 그렸는데…….

어릴 때부터 그림 그리는 것을 좋아했어요. 친구들 대상으로 만화를 6부까지 연재했던 적도 있었고 태권브이 캐릭터를 그려서 한 장에 50원을 받고 팔기도 했어요. 물론 많은 건 아니었고 20명

직접 그린 소속 배우들의 모습.

정도였던 것 같아요. 당시 하루 용돈이 50원, 100원 하던 시절이니 좋아하긴 했었죠. 그렇게 그림 그리는 것을 좋아하다 보니 아무래도 미적 감각이 조금 생긴 것 같아요. 그래서 사람들을 볼 때 밸런스를 보게 되더라고요.

그림 연습을 더 해서 나중에 제 배우들을 그려서 회사에 걸어 놓고 싶어요. 또 제가 배우를 키워서 스타로 만들어 내는 과정을 웹툰으로 그리면 어떨까 하는 생각도 있고요.

편 현재 관심사는 웹툰인가요?

원 아, 그건 아니에요. 제 관심사는 여전히 신인 배우 양성이에요. 웹툰 자체에 관심이 있는 것이 아니라 저의 매니지먼트를 웹툰이라는 매개체를 통해 알릴 수 있으면 이용하겠다는 생각인 거죠.

사실 가수가 주력인 매니지먼트 회사는 대중에게 많이 알려져 있잖아요. 빅히트, SM, JYP 등은 관련 업계가 아닌 사람들도 다 알 정도죠. 그런데 배우 매니지먼트는 잘 몰라요. 가수에 비해서 시스템이 갖춰져 있는 회사가 상대적으로 적기 때문이죠.

저는 체계적인 배우 발굴 시스템을 만들고 싶어요. 엔터테인먼트에 IT를 결합한 시스템을 생각하고 있어요. 배우가 필요한 곳과 배우가 되고 싶은 사람들을 연결해 주는 방식인 거죠.

스트레스는 어떻게 해소하세요?

편 스트레스는 어떻게 해소하세요?

원 좋은 사람들과 저녁 겸 반주를 즐기거나 넷플릭스를 보다가 안경을 벗고 소리만 들으면서 서서히 잠에 드는 것으로 풀어요. 그리고 나서는 넷플릭스를 다시 앞부분부터 보곤 해요. 콘텐츠를 두 번 보는 것이 저만의 꿀잼인 셈이죠.^^

편 사업적인 술자리도 많지 않으세요?

원 네. 많은 편이에요. 주로 처음 알게 되는 분들과의 술자리가 많은 것 같아요. 처음에는 서로의 성향을 알기 위해 주로 경청하는 편이고, 술자리가 편안해지면 그때부터는 저도 편하게 일 관련 이야기를 하면서 즐기는 자리로 만들어 가죠. 간혹 술로 인해 기억이 안날 것 같은 내용은 양해를 구하고 폰에 메모를 많이 해요. 그렇지 않으면 소중한 정보가 기억의 홍수 속에 어딘가로 떠내려가거든요.

이 일을 하면서 좌절감을 느끼거나 포기하고 싶었을 때가 있었나요?

편 이 일을 하면서 좌절감을 느끼거나 포기하고 싶었을 때가 있었나요?

원 있었죠. 배우들이 다른 기획사로 간 경우가 몇 번 있었는데 그때 많이 지치더라고요. 사실 연예기획사에 배우가 없으면 유명한 회사라 하더라도 아무 의미가 없거든요. 그동안 일만 해서 가족들한테 미안한 마음도 있었는데 소속 배우들이 이탈하기까지 하니까 견디기 힘들었어요. 그래서 2009년에 연예기획사를 정리하고 광고 모델 에이전시 사업을 시작했죠.

모델 에이전시는 배우와 모델에 의존하기보다는 광고주들과의 신뢰가 더 중요하거든요. 그때 광고주와의 신뢰를 많이 쌓아서 돈을 좀 벌었어요. 음식점 프랜차이즈 사업으로까지 확장해서 잘 됐어요. 그러다가 애플리케이션 개발에 도전하게 됐죠.

처음에는 업무용 캘린더를 만들려고 했는데 점점 꿈이 너무 커져서 모든 사람들이 좋아하는 애플리케이션을 만들려고 하다가 크게 실패하게 됐어요. 실패한 원인은 타깃층이 불분명했기 때문이에요. 뼈아픈 교훈을 얻었죠. 그래서 제가 잘 할 수 있는 연예기

모델 에이전시를 운영할 때 광고 촬영 현장.

회사를 다시 시작하게 된 거죠.

시대가 바뀌었으니 이제는 다르게 해보고 싶었어요. 한 마디로 신인 발굴에 초점을 맞추기로 한 거죠. 배우가 계약 기간이 끝나면 이탈할 수 있다는 것을 인정하고 한 명의 배우에게 집착하지 않는 회사를 만들겠다고 생각했어요.

계약을 마친 배우가 활동하는 동안 다른 신인 배우를 발굴해서 소속 배우를 늘려가는 방식으로 계속 신인 배우를 발굴해 나간다면 특정 배우가 이탈할까 봐 두려워 할 일은 없겠죠. 오히려 당당하게 재계약 의사를 물어볼 수 있겠죠.

“계약 기간 동안 열심히 했구나. 다른 회사로 가고 싶으면 가도 되지만 우리 회사가 마음에 들었으면 재계약 하자”라고 말이죠. 배우가 저와 같이 하고 싶다고 하면 아주 좋은 거고, 다른 곳으로 가고 싶다고 해도 기분 좋게 헤어질 준비를 할 수 있다면 이미 성공한 회사일 거예요.

성취감을 느끼는 순간은 언제인가요?

편 성취감을 느끼는 순간은 언제인가요?

원 바로 지금이죠.^^ 소속 배우가 잘 돼서 팬 사인회에 많은 팬들이 참석하고, 대중들이 많이 알아볼 때, 그리고 신인상을 받을 때가 가장 성취감을 느끼는 때죠. 그래서 올 연말을 조심스럽게 기대하고 있어요. 신인상은 평생에 딱 한 번밖에 받지 못하잖아요. 신인상을 받을 때가 가장 좋은 것 같아요. 신인 배우들에게 신인상을 받을 때의 소감을 지금부터 준비시키고 있어요.

소속 배우가 스포트라이트를 받을 때가 가장 성취감을 느끼는 순간이다. 2020년 KBS 연기대상에서 '인기상'을 받은 김영대 배우.

이건 자만심이나 건방을 떠는 게 아니라 이미지 훈련이라고 할 수 있어요. 신인상을 받는 순간을 그리면서 그 순간을 위해 노력하라고 전하고 싶은 거예요. 물론 오랫동안 고생해서 상을 받는 중요한 순간이고 다시는 받지 못할 상을 받는 순간이기 때문에 하고 싶은 이야기를 미리 준비하라는 의미도 있고요.

제가 발굴해서 열심히 키운 배우가 상을 받을 때 제 이름과 회사의 이름이 거론된다는 것만으로도 저에겐 아주 큰 선물이라고 생각해요. 그간의 힘들었던 일들이 싹 씻겨 나가는 그런 순간이죠.

배우웨이,

배우로 가는 올바른 길

'배우웨이'가 무엇인가요?

편 신인 배우를 위한 '배우웨이'라는 플랫폼을 기획 중이신데, '배우웨이'에 대한 설명 부탁드려요.

원 이름 그대로 배우에게 기회를 제시한다, 방법을 제시한다는 뜻이에요. 한 마디로 신인 배우들의 네이버가 되는 것이 목표죠.

만약 청소년들이 연기를 하고 싶고 배우가 되고 싶다면 가장 먼저 어디, 누구에게 물어볼까요? 아마 네이버에서 검색할 거예요. 그렇지만 답변을 하는 사람들도 대부분 일반인이 아닐까요? 어쩌면 배우 지망생들이 정확하지 않은 정보로 인해 잘못된 선택을 할 수도 있을 거예요.

그런데 저를 아는 지인들은 저에게 직접 물어보고 조언을 들을 수 있죠. 그렇지 못한 분들은 얼마나 답답할까요? 자녀가 연기를 하고 싶다고 고등학교 졸업하고 서울로 간다고 하면 얼마나 걱정될까요? 저는 바로 그런 분들에게 올바른 길을 알려줄 수 있는 시스템을 만들고 싶어요

편 어떤 시스템으로 운영되나요?

원 일단 접속하면 가장 먼저 정보를 기입하게 되겠죠. 하지만 출

신인 배우를 위한 '배우웨이' 플랫폼 론칭을 앞두고 있다.

생연도나 키가 얼마인지 하는 것보다 왜 배우가 되고 싶은지, 예고를 다닌 적은 있는지, 연기 학원을 다닌 적은 있는지, 프로필 사진을 찍어본 적은 있는지 등을 작성하게 될 거예요. 그다음에는 제가 정의한 배우 MBTI를 적용시켜서 지망생에게 필요한 사항을 정리하는 거죠.

그리고 배우 지망생들과 매칭할 각 전문가와 전문 업체를 준비하고요. 연기 선생님과 프로필을 촬영할 스튜디오가 되겠죠. 초반에는 연기 선생님 최소 20여 명, 스튜디오도 20여 업체를 준비할 예정이에요. 성별, 목소리, 개성에 따라 디테일하게 구분해서 배우 지망생들이 자신에게 맞는 곳을 쉽게 선택할 수 있도록 매칭 플랫폼 형태로 구성할 계획이죠.

물론 연예기획사에 대한 정보도 제공해야죠. 배우 지망생들이 자기에 맞는 소속사를 잘 선택할 수 있도록 분류 기준을 다양하게 마련할 예정이에요. 예를 들면 인지도 높은 배우가 많은 기획사 순으로 정렬한다든지 개성 있는 연기를 하는 배우가 많은 순으로 정렬해서 볼 수 있게 만드는 거죠.

편 '배우웨이'에 가입하면 시스템을 통해서 교육도 받을 수 있고, 기획사 오디션도 지원 가능하게 되는 건가요?

원 그렇죠. 이 시스템 안에서 모든 문제가 해결되도록 할 거예요. 다시 정리하면 '배우웨이'가 배우 지망생의 가상 매니저 역할을 하는 거죠. 제작사에 오디션 지원서 발송도 하고, 짧은 시간에 몸을 만들거나 노래를 배워야 하는 일이 있으면 전문 트레이너 추천도 해 주고요.

가입도 무료로 할 예정이에요. 앞에서 얘기한 전문가나 업체를 매칭하는 것까지 무료로 제공하려고 해요. 만약 본인 연기에 대한 전문가의 의견을 듣고 싶다고 하면 유료가 될 수 있겠죠. 전문가도 많은 시간 배우 지망생과 대화를 많이 하고 관찰해야 유용한 의견을 줄 수 있으니까요.

편 배우가 되고 싶어 하는 청소년이 많다고 생각하세요?

원 많죠. 그런데 잘 된 배우들만 보면서 쉽게 생각하는 친구들도 많은 것 같아요. 요즘엔 미남, 미녀가 아니더라도 뚜렷한 개성으로 성공하는 배우들도 있어서 더 쉽게 생각하는 것 같기도 하고요. 하지만 배우들의 실생활을 들여다보면 어렵게 사는 배우들도 많거든요. 연극 무대에서 고생하면서 알바로 생계를 유지하는 배우들이 훨씬 많은 상황이죠.

송강호 배우와 김윤석 배우가 같은 연극 극단의 동기라고 들었어요 그런데 송강호 씨가 영화로 충무로의 핫한 배우로 포지셔닝 되고 있을 때 김윤석 씨는 꿈을 접고 고향인 부산으로 내려갔다고 하더라고요.

왜? 배우를 꿈꾸고 상경했을 텐데 꿈이 보이지 않고 생활이 너무 고되었을 테니까요. 김윤석 씨가 아침드라마에 출연했다고 하면 아마 많은 분들이 고개를 갸우뚱하실 거예요. MBC 아침드라마 〈있을 때 잘해〉에서 하희라 씨의 남편으로 출연했었거든요. 그 당시 시청률이 꽤 있었어요. 그렇게 차근차근 필모그래피를 쌓고 〈추격자〉로 인기 정상의 배우가 된 거죠. 배우가 되려면 끈기가 있어야 해요.

배우가 되고 싶은 청소년이라면 무엇을 준비해야 할까요?

편 배우가 되고 싶은 청소년이라면 무엇을 준비해야 할까요?

원 가장 중요한 건데요, 콘텐츠를 많이 봐야 해요. 배우 지망생이라면 드라마나 영화를 많이 보는 것은 기본일 텐데 그 외에 책도 많이 읽어야 해요. 그리고 좀 더 준비하다면 콘텐츠를 많이 보면서 자신이 어떠한 포지션의 배우가 될 수 있을지 생각해 보는 것도 중요해요. 그러니까 나를 알아야 한다는 이야기죠.

다들 조정석 배우는 잘 알고 있을 거예요. 연기도 잘하고 유명한 배우죠. 그런데 배우를 지망한다면 지금의 조정석 씨만 바라보고 꿈을 꾸면 안 되겠죠. 조정석 씨가 데뷔작에서 어떤 캐릭터였는지 찾아볼 수 있어야 해요. 영화 〈건축학개론〉에서 '납득이'라는 캐릭터를 연기했잖아요.

제 후배 중에 조정석 씨 서울예전 동기가 있는데 〈건축학개론〉을 보다가 깜짝 놀랐대요. 자기가 많이 들어본 목소리가 튀어나와서요. 대학생 때도 목소리 톤이 그랬다고 하더라고요. 그러니까 연기라는 게 본인이 갖고 있던 것이 나오는 거지 갑자기 새로운 캐릭터가 만들어지는 건 아니라는 거예요. 자신의 색깔을 잘 알고 잘 표현했을 때 연기를 잘한다는 평가를 받을 수 있는 거죠. 그런데 어린 친구들의 경우 멋진 연기만 따라 하려고 하다 보니 연기가 이질적이고 못한다는 평가를 받는 거라고 생각해요.

그래서 배우 지망생이라면 콘텐츠를 많이 보라고 얘기하고 싶고요, 거기에 더해 한 가지 더 당부하고 싶은 점은 외국 영화는 많이 보지 않았으면 좋겠다는 거예요. 물론 우리나라 영화를 다 보고 난 후 유명한 해외 감독의 작품을 보는 건 좋은데 외국 영화부터 먼저 본다면 시간 낭비일 수 있어요. 오디션 보러 할리우드에 갈 거 아니잖아요. 우리나라에 어떤 감독이 있는지, 어떤 작가가 있는지, 그 감독은 어떤 연기와 어떤 스타일의 배우를 좋아하는지 등을 아는 것이 먼저 필요한 일이라고 생각해요.

편 배우 지망생이 많은데 자신이 과연 배우로 성공할 수 있는지 어떻게 알 수 있을까요?

원 일단 친구들이 판단해 주는 게 가장 정확해요. 친구들에게 물어보세요. "나 배우 하고 싶은데 가능성 있겠냐?"라고 물었을 때 끼가 있어서 해도 될 것 같다거나, 잘생겼다거나, 개성이 있다는 대답을 듣는다면 배우로서 성공 가능성이 있다고 볼 수 있어요. 그런데 반대의 반응이라면 조금 더 생각해 봐야 하겠죠.

우리 회사 소속 배우 중에 시골 출신이 있어요. 그 친구에게 제가 "너 배우 된다고 할 때 친구들 반응은 어땠어?"라고 물었더니 친누나와 친구들 모두 잘 할 것 같다며 응원했다고 하더라고요. 이 얘기를 들으니 내가 선택했지만 잘했다고 칭찬받는 느낌이라서 너무 좋았어요.

편 배우의 '상'이 따로 있나요?

원 음… 사람이 갖고 있는 아우라(aura)를 저는 배우의 상이라고 생각해요. 딱 봐도 배우 같은 사람들이 있어요. 예전에 신입 직원이 출근했는데 그날 우리 배우 중 한 명이 회사에 들렀어요. 이 배우가 마스크를 쓰고 지나가는데 그 모습을 보고 신입 직원이 저 배우 멋있다고 하는 거예요.

마스크 써서 얼굴도 안 보이는데 멋있다고? 그런데 정말 이런 배우들이 있어요. 가만히 있어도 포스가 느껴지는 거죠. 구체적으로 서술할 수는 없지만 배우의 상은 있다고 생각해요. 그 사람이 뿜어내는 스타의 아우라가 있는데 그걸 느낄 수 있죠.

배우가 되기 위해서는 연예기획사에 들어가는 것이 좋은가요?

편 배우가 되기 위해서는 연예기획사에 들어가는 것이 좋은가요?

원 네. 기획사와 함께 하는 것이 좋아요. 혼자 일하게 되면 아무래도 한계가 많죠.

배우에게 연예기획사가 필요한 이유로 크게 3가지를 들 수 있어요. 정보력, 기획력, 배우 관리 부분이에요. 배우 관리는 일정 조율하고 현장에서 배우를 케어하는 것을 말해요. 집과 현장 픽업은 기본이고요.

사실 이런 일은 연예기획사가 하는 일 중에서 비중이 제일 적은 일이에요. 중요한 것은 정보력과 기획력이죠. 기획사, 특히 매니저들은 이 분야의 일만 전문적으로 하잖아요. 그래서 어떤 드라마가 방영될 예정이고 언제 오디션을 보는지 등의 정보를 신속하고 빠르게 알고 있죠.

또 기획사에 들어오는 모든 시나리오, 대본을 다 보기 때문에 작품 선별 능력도 기본적으로 있는 편이죠. 기획사 없이 배우 혼자 하거나 부모가 매니저 역할을 하는 경우가 있는데 배우가 혼자 시나리오, 대본을 다 볼 수 있을까요?

여기서 대본을 본다는 것은 '양'을 뜻하는 것이 아니에요. 오래된 경험에서 나오는 매니저들의 안목이 중요하다는 것이죠. 수많은 콘텐츠에 본인의 배우를 출연시키면서 웃음과 감동을 결정지었던 그 감각을 말하는 거예요. 어떤 드라마나 영화 제작사도 본인의 작품이 망할 걸 알면서 시작하는 경우는 없으니까요. 그만큼 사회 분위기, 경제 트렌드를 파악하면서 작품을 검토해야 한다고 생각해요.

기획사에 들어오는 시나리오와 대본 가운데 배우가 직접 보는 양은 많지 않아요. 매니저들이 1차 선별해서 가능성 있고 좋은 작품이라 생각되는 것만 보여주니까 배우 입장에서는 시간이 많이 절약되는 거죠. 역할 분석과 연기 연습 등을 해야 하는데 소속 회사 없이 혼자 하는 것은 아무래도 한계가 있죠.

편 자신에게 맞는 기획사를 찾는 방법이 있을까요?

원 우선 기획사를 다 살펴봐야 해요. 특히 기획사의 신인들을 확인해 보세요. 각 기획사의 신인은 해당 기획사의 대표나 임원들이 좋아하는 사람들이라고 보면 되거든요. 이렇게 기획사가 선호하는 유형과 자신이 맞는지를 확인하고 문을 두드린다면 계약할 수 있는 확률이 높아지겠죠.

신인과 계약한 후 연예기획사에서는 어떤 일들을 하나요?

편 신인과 계약한 후 연예기획사에서는 어떤 일들을 하나요?

원 먼저 기획을 하죠. 배우에게 어울리는 캐릭터는 무엇인지, 어떤 타입의 연기자로 성장시켜야 할지 등을 정하는 거죠. 그리고 기획에 맞는 연기지도도 하고 모티터링을 하면서 오디션을 준비하는 거예요.

보통 기획사에서는 1:1로 연기 지도를 해요. 배우가 잘할 수 있는 연기를 찾을 수 있도록 도와주는 거죠. 자신한테 맞는 자유연기를 연습해 놓으면 오디션 준비는 거의 끝난 거예요. 저는 8개월 정도 준비하고 현장에 나가는 것을 추천해요. 현장에서 연기하면 연기가 훨씬 좋아지기 때문이죠.

예를 들어, 높은 담을 넘어가야 할 일이 생기면 받침대를 놓고 밟고 넘어가면 되겠죠. 그런데 만약 무서운 개가 쫓아오는 급박한 상황이라면 어떨까요? 그때는 초인적인 힘을 발휘해서 담을 뛰어 넘어가겠죠. 연기도 같아요. 촬영 현장에 가면 수십 명의 스태프들과 카메라가 있고 나보다 훨씬 연륜 있는 선배 배우들이 있어요. 이런 현장에서 한 번이라도 NG가 나면 아주 곤란하죠. 그래서 그 부담감을 이겨내며 연기를 하다 보면 연기의 내공이 높아지는 거예요. 실제로 현장을 한 번 갔다 오면 연기의 수준이 달라져요. 연습만 한 사람과 현장에 가 본 사람의 연기 수준은 극과 극이 됩니다. 연기를 안 해본 사람들도 현장에서 연기를 하다 보면 연기가 확 늘어날 정도거든요.

신인 배우가 오디션에 합격할 수 있는 비결이 있을까요?

편 신인 배우가 오디션에 합격할 수 있는 비결이 있을까요?

원 일단은 자신감을 보여줘야 해요. 프로필을 건넸을 때 감독이 오디션을 보겠다고 한다는 건 해당 배우에게 외모적으로 일단 관심이 있다는 얘기거든요. 그렇기 때문에 감독에게 강한 인상을 심어줄 필요가 있어요. 설령 지금 작품 캐스팅에 불발되더라도 다음 작품을 기약할 수 있으니까요. 자신감을 보여주는 것이 중요해요. 물론 그렇다고 건방지면 안 되겠죠.

자기소개도 길게 하지 않고 자신감 있게 보여주는 것이 좋아요.

"안녕하세요. 저는 누구고, 배우가 되기 위해 어떠한 준비를 해왔었습니다."

이런 식으로 짧게 하는 것이 좋죠. 신인에게 긴 신간을 할애하는 제작진은 별로 없으니까요. 짧은 멘트에 자신의 이미지를 담아야 하죠.

여기서 중요한 포인트는 자기소개와 연기를 반대의 분위기로 가져가는 거예요. 만약 감독이 원하는 캐릭터가 사이코패스라고 한다면 처음 자기소개할 때는 재미있고 가볍게 하는 거죠. 그 후에

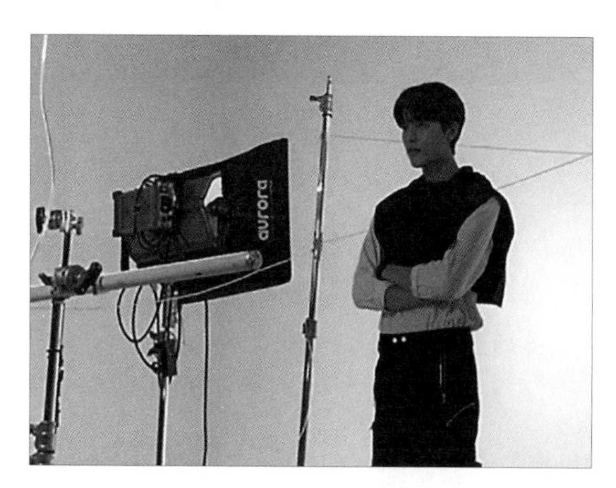

신인들은 카메라 울렁증을 극복하기 위한 훈련도 많이 한다.

연기를 보여 줄 때는 감독이 원하는 연기를 하는 거죠. 연기의 온도 차이를 확연히 보여주는 거예요. 제가 생각하는 비결입니다.^^

편 소속 배우가 드라마나 영화에 캐스팅될 수 있도록 연예기획사가 많이 도와야 하겠네요.

원 그렇죠. 하지만 우리가 할 수 있는 것은 30% 정도예요. 70%는 본인이 만들어야 하는 거죠. 회사의 역할은 신인 배우의 준비과정까지 최선을 다해 돕는 거고, 나머지는 본인이 노력해야 해요. 저는 항상 우리 배우들에게 이렇게 말해요.

"오디션장에 가면 회사가 도와줄 수 있는 게 아무것도 없다. 이제 너한테 달려있는 거야. 거기서 못 하면 회사도 방법이 없어."

물론 회사가 할 수 있는 최선을 다하죠. 예를 들어, 오디션을 봤는데 좀 아쉽다는 평가라면 어떻게든 감독을 만나서 오디션을 한 번 더 볼 수 있도록 하는 등의 노력을 하는 거죠.

"오디션은 너를 테스트하는 곳이 아닌 너 자신을 검증해 내는 자리다."

제가 신인들에게 하는 이야기입니다.

연예기획사,

무한한 가능성

연예기획사에 대해 소개해주세요.

편 연예기획사에 대해 소개해주세요.

원 연예기획사(演藝企劃社)는 일반적으로 대중예술인의 연예 활동에 대해 원활하게 진행할 수 있도록 지원해 주는 회사를 말해요. 국내에서는 주로 소속사라는 명칭으로 더 많이 불리고 있죠. 스케줄, 이동, 홍보, 계약 등 매니지먼트 역할과 에이전시 역할이 주 업무예요.

우리나라에서는 활동을 지원하는 정도가 아니라 주도적으로 연예인을 발굴하고 육성해서 키워내는 역할이 더 강조되고 있기도 해요. 가수의 음반, TV, 드라마 연예 프로그램, CF 등을 통해 선보이는 전체적인 과정을 기획, 관리, 유지하는 매니지먼트 사이클(Management Cycle)의 효율적인 운용을 통해 이윤을 창출하고자 하는 행위가 바로 연예기획사의 역할이에요.

구체적으로 어떤 일을 하나요?

편 구체적으로 어떤 일을 하나요?

원 조직 구성부터 이야기하면 보통 매니지먼트팀, 콘텐츠팀, 홍보팀, 광고팀, 교육팀 등으로 구성되어 있어요.

매니지먼트팀은 매니저들이 모여 있는 팀이에요. 직급별로 역할이 있는데 현장 매니저는 배우를 가장 가까이서 도와주는 역할을 해요. 집에서 현장까지 데려다주고, 밥도 같이 먹고, 현장에서 모니터링도 해요. 단순히 밥을 같이 먹는 수준이 아니라 배우가 혹시 다이어트를 하는 중이라면 그에 맞는 메뉴도 선정해야 하는 역할이에요.

제일 중요한 건 역시 배우들을 편하게 해줘야 하는 거죠. 사실 배우들마다 성격이 다르고 특히 배우들이 예민한 성격이라 쉬운 일은 아니에요. 그리고 배우들의 필모그래피를 숙지하고 촬영 예정인 시나리오도 봐야 하죠.

다음으로 팀장급 매니저가 있습니다. 매니저들의 일정 관리를 하는 역할이죠. 기획사에서는 보통 한 명의 매니저가 오롯이 한 명의 배우만 전담하는 것은 아니에요. 시간을 적절히 배분해서 여러 명의 매니저가 한 명의 배우를 관리하죠.

예를 들어, 한 곳에서 촬영이 길어지면 다른 촬영 장소로 이동할 때 배우는 이동 중에 자거나 쉴 수 있겠죠. 하지만 매니저는 운전을 해야 하기 때문에 쉬지 못해요. 이럴 때 팀장급 매니저는 다른 현장 매니저를 투입해서 상황을 조절할 수 있는 거예요. 그리고 팀장급 매니저는 배우와 소통을 많이 하면서 배우들의 애로사항도 파악하고 대본 분석에 대한 조언도 해요.

그리고 실장급 매니저가 있어요. 주로 영업을 담당하는데 배우 캐스팅을 담당하는 역할인 거죠. 방송사의 신규 편성 정보를 파악하고 기획안을 입수해서 회사 임원들에게 보고해요. 그러면 이사급 임원들이 해당 프로그램의 기획안을 토대로 캐스팅에 추천할만한 배우를 선정하는 방식이죠. 이렇게 회사 내에서 배우가 선정되면 실장급 매니저는 해당 작품의 캐스팅 디렉터나 감독에게 회사가 추천하는 배우 정보를 전달하고 오디션 기회를 요청하게 돼요.

이런 과정을 거쳐 회사의 배우가 오디션을 보고 캐스팅이 확정되면 콘텐츠팀에서 배우 홍보에 사용할 콘텐츠를 만들게 돼요. 현장에서의 사진은 어떻게 찍을지, 사진 활용은 어떻게 할지, 캐스팅 소감 등의 인터뷰 자료를 만들기도 하죠.

홍보팀은 언론사에 배포할 보도자료를 만들어요. 특히 헤드라인을 잘 잡아야죠. 예를 들어 '충무로의 무서운 신인', '새로운 신

아우터코리아 직원들의 명함은 3D 입체 명함이다. 무수히 많은 연예기획사 중에서 회사를 각인시키려는 나름의 노력이다.

예', '시청률 20% 나오는 신예' 등과 같이 주목할만한 헤드라인을 뽑아야 하죠.

캐스팅이 확정되면 광고팀도 바로 움직여요. 우리 배우가 어떤 드라마에 나올 예정이고, 어떤 이미지를 가지고 있기 때문에 해당 회사의 제품 이미지와 잘 맞는다는 식으로 제안하는 거죠. 보통 광고 모델 에이전시를 통해 배우들의 정보를 메일로 공유해요.

광고 모델 에이전시는 50여 업체가 있고 광고주와 모델 사이에서 캐스팅을 해 주는 업체라고 생각하면 돼요. 예를 들어 광고주는 에이전시 측에 원하는 느낌의 모델을 찾아달라고 요청하고, 에이전시에서는 여러 모델 중에서 이미지에 맞는 모델을 추천하는 거죠.

저는 에이전시에 우리 배우를 홍보하는 것뿐만 아니라 우리 배우와 맞는 제품을 직접 찾아 역으로 제안도 많이 하려는 편이에요. 누구보다도 우리 배우에 대해 잘 알기 때문에 가능한 일이죠. 어떤 매력이 있고, 어떤 타깃층에 맞는지 역으로 제안해서 광고 모델이 되었을 때의 만족감은 상상 이상이에요.

그리고 우리 회사는 교육팀이 있어요. 요즘에는 배우에게 영어회화 교육을 담당하고 있어요. 유창한 원어민에 가까운 영어를 가르치는 것은 아니에요. 사실 발음이란 게 미국에서 살다 오지 않으면 자연스럽게 발음한다는 게 쉽지 않더라고요.

그런데 할리우드 영화에 한국에서 유학을 간 설정으로 캐스팅하는 경우가 있잖아요. 그런 캐릭터는 발음이 아주 좋지 않아도 되거든요. 바로 그 정도 수준의 영어 실력이 필요하고 그 정도 수준에는 도달하기 위해서 영어를 가르치고 있어요.

이 외에 스타일리스트와 헤어, 메이크업은 외주로 진행하고 있어요.

매니저가 되는 방법은 무엇인가요?

편 매니저가 되는 방법은 무엇인가요?

원 매니저가 되는 방법에 정도는 없어요. 대학이나 학원에서 매니지먼트학을 배우거나 대형 연예기획사는 매니저 육성 커리큘럼을 운영하고 있지만 필수는 아니에요. 대기업처럼 정해진 채용 시기가 있는 것은 아니고 필요에 따라 충원이 이루어지죠.

연예기획사에서 인력이 필요할 때마다 채용공고를 내고, 서류전형과 면접을 통해서 채용하는 데 체력을 비롯해 운전능력, 성실성 등을 평가하며, 무엇보다 매니저 일에 열정을 가지고 있는지를 중요하게 여기죠.

이 외에 관련 교육기관의 추천이나 강사진의 인맥 등을 통해 매니저로 진출하기도 해요.

편 채용이 되면 현장 매니저부터 시작하는 건가요?

원 네. 일정 수습 기간을 거쳐 현장 매니저로 출발해 3~5년 정도의 경력을 쌓으면 팀장급 매니저가 돼요. 그 후 업무 경험과 인적관계 등을 바탕으로 임원이 되거나 연예기획사를 직접 차려 운영하기도 하죠.

유리한 전공이 있나요?

편 유리한 전공이 있나요?

원 연예매니지먼트과가 있어요. 연예인을 발굴하고, 양성·관리하는 시스템, 홍보, 기획 등 매니지먼트에 대한 기초와 드라마 제작 과정, 음반 제작 과정, 영화 제작 과정 등 주로 실무 중심의 교육을 하는 것으로 알아요. 아무래도 전공학과 출신이면 유리하겠죠.

매니저는 무엇보다 현장 경험이 중요하기 때문에 전공이 절대적인 기준이 되지는 않아요. 저는 태도, 성실성, 감각 등을 기준으로 보고 있어요. 그리고 무엇보다 회사와 색깔이 맞는지도 중요하고요.

편 자격증이 필요한가요?

원 반드시 필요로 하는 스펙이 있는 것은 아니지만 운전면허증은 필수로 필요하고 경우에 따라 외국어나 경호 등 특정 능력을 요구하기도 해요. 회사에 따라 범죄기록 증명서를 요구하기도 해요. 범죄기록 증명서 제출 여부는 지원자의 선택이지만 제출을 거부할 경우 거의 대부분은 불합격됩니다.

어떤 자질을 갖추어야 하나요?

편 어떤 자질을 갖추어야 하나요?

원 주로 개성 강한 사람을 상대로 일하며 여러 사람과 어울릴 때가 많기 때문에 원활한 대인관계 능력과 의사소통 능력이 필요해요. 성실함, 인내심, 끈기가 있어야 하며, 강인한 체력도 필요해요.

현장 매니저의 경우 항상 배우와 동행해 일정관리를 해야 하기 때문에 꼼꼼하면 좋아요. 특히 현장 매니저의 경우 업무가 구체적으로 정해져 있는 것이 아니라 배우마다, 프로그램마다, 현장마다 달라지기 때문에 매니저 본인이 스스로 판단해서 움직여야 하는 경우가 많아요. 그렇기 때문에 상황 파악 능력과 순발력이 필요하죠.

팀장이나 실장급 매니저는 배우가 좋은 조건에서 활동할 수 있도록 이끄는 협상 능력이 중요해요.

매니저에 적합한 성격이 있을까요?

편 매니저에 적합한 성격이 있을까요?

원 아무래도 외향적인 성격이면 좋겠죠. 내성적인 성격은 일하기 힘든 것 같아요. 매니저의 업무가 배우의 입장을 대변하면서 여러 사람과 좋은 관계를 유지해야 하기 때문에 어느 정도의 친화력이 필요해요. 너무 소심하거나 낯을 많이 가린다면 업무 자체가 힘들 수 있어요.

그리고 순발력이 있어야 해요. 사실 매니저는 사람 만나는 게 일이거든요. 그러니까 커뮤니케이션을 잘 할 수 있는 사람이면 좋죠. 예를 들어, 현장에서 촬영 일정이 너무 길어지면 제작진에 가서 상황을 자세히 듣고 항의할 일이 있으면 대처해야 하거든요. 다음 촬영장에 가야 되는데 여기 상황이 늦어지는 경우라면 배우 이미지에 문제가 되지 않도록 하면서도 적절하게 조절할 수 있어야 하니까요.

모든 매니저의 꿈이 연예기획사를 설립하는 것일 텐데 대표님은 어떻게 독립하게 되었나요?

편 모든 매니저의 꿈이 연예기획사를 설립하는 것일 텐데 대표님은 어떻게 독립하게 되었나요?

원 저는 2001년에 기획사에 입사해 현장 매니저로 시작했어요. 그리고 2006년에 독립했으니 다른 사람에 비해서 조금 빨랐다고 할 수 있죠. 지금 와서 생각해 보면 경험을 더 쌓았어야 하지 않았나 싶어요. 연륜이 부족했죠.

독립할 때 김남길 씨와 윤승아 씨가 함께 했어요. 그런데 투자자와의 소통에 문제가 생겨 예정된 투자금을 받지 못해서 굉장히 어려웠었죠. 그래서 두 배우를 놓아줄 수밖에 없었어요. 만약 김남길 씨와 계속 함께해서 '비담'으로 인기를 끌었던 시기에 같이 있었으면 회사 운영에 많은 도움이 됐을 텐데 타이밍이 어긋나서 아쉬운 점이 있죠.

사실 독립할 때 자금이 없었어요. 그 당시 월 경상비를 부담하는 방식으로 투자를 받았어요. 직원들의 월급, 차량 운영비, 진행비 등 모든 비용을 아껴야 하는 상황이었죠. 그래서 회사 운영이 쉽지 않더라고요. 배우가 한 번 움직일 때마다 비용이 많이 들거든요. 결국 자금력 때문에 운영에 어려움을 겪고 문을 닫게 되었죠. 하지만 패기와 열정만큼은 어느 누구에게도 뒤지지 않았다고 생각해요. 그때의 경험이 지금은 많은 도움이 되고 있죠.

다시 연예기획사를 시작하면서 다짐한 게 있어요. 사실 배우가 없으면 연예기획사는 존재 가치가 없는 게 사실이에요. 그래서 배우와 진정성 있는 소통을 함으로써 신뢰를 최우선적으로 생각하고 거기에 맞춰 회사의 브랜드를 구축하는 데에 집중하고 있어요. 회사의 브랜드 가치야말로 아주 중요하다고 생각하거든요. 타 매

'아우터'는 배우들의 든든한 외투가 되겠다는 의미다.

니지먼트와 비교했을 때 어떠한 차별성과 시스템을 갖추었는지가 아주 중요한 것이죠.

그리고 우리 배우들이 가끔 물어보는 게 있어요. “회사 이름이 왜 아우터인가요?” 하고 말이죠. 사실 두 가지 의미가 있어요. 첫 번째는 ‘(안 중심에서 가장) 바깥쪽의’라는 뜻이에요. 마치 지구의 대기를 연상케 하는 중요한 의미라는 생각이 들었어요. 지구를 보호하는 대기처럼 중요한 역할로서 자리매김하자는 뜻이죠.^^ 두 번째는 ‘외투’의 의미예요. 말 그대로 배우들이 일상생활에서 밖에 나갈 때 입는 외투(아우터)처럼 그들을 보호하자라는 의미 이렇게 두 가지가 있어요. 꿈보다 해몽인 거죠.^^

편 연예기획사대표들은 매니저 출신이 많겠네요.

원 네. 물론 다른 미디어 업계 출신도 있고 가수나 프로듀서들이 회사를 설립하는 경우도 있지만 대부분 매니저 출신이에요. 매니저 경험을 하면서 쌓은 인맥과 노하우가 중요하니까요.

BH 엔터테인먼트의 대표도 이병헌 씨 매니저로 출발했던 분이고, 엔터테인먼트 숲의 대표도 공유 씨 매니저를 했던 분이죠. 대형 연예기획사에서 시작하면 아무래도 담당했던 배우와 독립할 수 있다는 장점이 있죠.

연예기획사를 운영하기 위한 역량은 무엇인가요?

편 연예기획사를 운영하기 위해 필요한 역량은 무엇인가요?

원 첫째, 배우와 소통을 할 수 있는 능력이 있어야 해요. 그게 안 되면 배우들을 관리할 수 없어요. 오히려 배우가 신뢰하지 않게 되죠.

두 번째, 영업능력이 있어서 누구를 만나더라도 설득할 자신이 있어야 해요. 사실 이게 가장 중요한 요소죠. 그리고 인맥도 중요해요. 특히 광고주를 많이 알아서 언제든지 광고를 엮을 수 있을 정도로 넓어야겠죠. 이런 능력을 갖추고 대박 시나리오를 귀신같이 선별할 수 있다면 우리나라 배우의 70% 정도는 그 능력자의 회사에 들어가고 싶지 않을까요?

마지막으로 배우의 연기를 잘 지도해 줄 수 있다면 정말 최고죠. 배우가 조언 받은 대로 연기를 하고 현장에서 그 연기에 대해 감탄을 받는다면 배우는 최고의 매니저라고 생각할 겁니다. 이런 정도가 된다면 배우는 그 회사를 떠날 수 없을 거예요.

연예기획사의 전망은 어떤가요?

편 연예기획사의 전망은 어떤가요?

원 우리 회사는 배우 중심의 연예기획사이기 때문에 제한적인 면이 있지만 전체 엔터테인먼트 산업으로 봤을 때 콘텐츠의 장르와 플랫폼이 다양해지면서 매니저의 중요성이 커졌어요. 방송 출연을 위한 연예인 간 경쟁이 치열해지면서 연예인의 이미지를 체계적으로 관리하고 출연료 협상과 계약 등에 전문성을 갖춘 인력이 중요해지고 있는 거죠.

또한 과거처럼 방송사의 공채를 거쳐 스타로 성장하는 것이 아니라, 매니지먼트사의 기획 하에 발굴되어 체계적인 훈련을 거쳐 스타가 되는 경우가 많아지면서 연예기획사는 더욱 중요하게 부각되겠죠.

한류 열풍이 지속되면서 매니저가 해외를 오가며 업무를 하는 경우도 많아졌잖아요. 매니저의 업무가 더 세분화될 것 같아요. 게다가 유튜브 크리에이터 등 다양한 분야의 스타가 탄생하고 있어서 매니저의 수요는 더 늘어날 것이라고 생각해요.

인공지능 시대에도 연예기획사는 필요할까요?

편 인공지능 시대에도 연예기획사는 필요할까요?

원 당연히 필요하죠. 기획사의 역할이 연예인의 활동 일정을 관리하고 출연 작품 선정만은 아니잖아요. 특히 대중문화예술인처럼 감성적으로 예민한 사람들을 대하는 일인데, AI만으로 가능할까요?

매니지먼트 업무에서 가장 중요한 일은 소속 연예인과의 소통이거든요. 소통이라는 것이 진짜 '말'만으로 형성되는 것은 아니잖아요. 미세한 제스처, 말할 때의 뉘앙스, 목소리 톤 등이 모두 커뮤니케이션의 일환이죠. 어떻게 보면 매니저가 배우 자신보다 더 많이 안다고 할 수 있어요. 이런 일들은 AI가 하기 어렵죠.

매니지먼트 업무에서 가장 핵심은 예민한 동물적인 감각과 감성 이 두 가지라고 할 수 있어요. 신인 배우를 한눈에 알아볼 수 있는 감각(촉), 배우와 소통하면서 배우의 매력을 끌어낼 수 있는 감성은 당분간 AI가 근접하기 어렵지 않을까요.

배우들의 든든한 외투,

매니지먼트의 세계

연예기획사의 연봉체계는 어떻게 되나요?

편 연예기획사의 연봉체계는 어떻게 되나요?

원 대표인 경우는 연봉이 7천~1억 원 정도예요. 대형 연예기획사의 대표는 더 높은 연봉을 받는 것으로 알고 있어요.

회사마다 차이가 있겠지만 현장 매니저는 수습 기간 동안은 최저급여 수준으로 받다가 수습이 끝나면 월 200만 원, 팀장급이 되면 월 250~300만 원 정도 되고, 실력을 인정받는 실장급이 되면 월 300~400만 원 정도 받게 되죠.

고용노동부 워크넷 직업정보(2019년 7월 기준)를 보면 연예인 매니저의 평균 연봉이 2,739만 원이라고 하더라고요. 상위 25%는 3,393만 원, 하위 25%는 2,258만 원이라고 보면 될 것 같아요.

하지만 우리 업계는 성과에 따른 보너스나 인센티브가 높고, 회사 상장을 기대하면서 스톡옵션을 받는 경우가 많아서 급여의 금액을 민감하게 생각하지 않는 분위기가 있어요. 더구나 매니저들은 언젠가 대표가 되기를 바라는 마음으로 일하고 있기 때문에 단기적인 이익은 크게 중요하게 생각하고 있지는 않은 것 같아요.

편 업무에 사용하는 비용은 별도로 지급되나요?

원 그렇죠. 별도 제공이에요. 회사에서 차량도 제공하고 식비, 주유비를 포함해서 현장에서 움직이는데 필요한 모든 활동 경비를 쓸 법인 카드도 제공하기 때문에 개인 돈을 쓸 일은 별로 없어요.

연예기획사에서 일하는 매력은 무엇인가요?

편 연예기획사에서 일하는 매력은 무엇인가요?

원 매니지먼트에 종사하는 사람들에 대한 흔한 오해가 있죠. 바로 매니저는 배우나 가수를 차로 태워다 주는 사람이라는 인식인데요, 전혀 그렇지 않아요.

매니지먼트는 엔터테인먼트에서 중추적인 역할을 담당하고 있다고 해도 과언이 아니에요. 일단 배우를 발굴하고 스타를 만드는 일이니까요. 한 사람을 스타로 만들기 위한 모든 활동이 바로 매니지먼트 영역에 해당하죠. 그런데 그런 사람들이 스타를 차에 태우고 다니는 역할만 한다면 스타가 나올 수 없는 거겠죠.

매니저는 바로 배우와 가수를 발굴하고 데뷔시켜 스타로 키우는 사람이에요. 대중들이 가장 관심 있어 하는 사람들과 같이 일을 한다는 것, 그리고 내 손으로 스타를 만들 수 있다는 것이 매니지먼트의 가장 큰 매력이죠.

그리고 배우들의 성장을 가장 가까운 곳에서 지켜보는 직업이잖아요. 배우가 잘되면 뿌듯하고 같이 커가는 느낌이 있어요. 한 작품이 끝나면 엔딩 크레딧에 이름이 올라가는데 그런 부분에서 느끼는 보람이 크죠.

단점에 대해서도 알려주세요.

편 단점에 대해서도 알려주세요.

원 아무래도 배우들이 예민하기 때문에 관리하기가 어렵다는 거예요. 진짜 개인적인 사생활 부분은 관리가 힘들거든요. 그래서 더 관리를 잘해야 하기도 하고요.

매니저와 배우가 힘들게 만들어 온 결과물들이 음주운전이나 SNS에서의 실수 등으로 한 번만 잘못해도 하루아침에 물거품이 되어버리는 경우가 종종 있기 때문에 공인으로서 이슈화되지 않게 하기 위해서 늘 지켜봐야 하는 부분이 많이 어려운 것 같아요.

연예기획사의 역할은 무엇인가요?

편 연예기획사의 역할은 무엇인가요?

원 첫째, 배우들의 고민을 파악해서 공감하고 조언할 수 있어야 하고, 둘째, 방송 현장 사람들과 공감대를 형성하면서 소통할 수 있는 능력, 셋째, 콘텐츠를 생산할 수 있는 창의성이 중요해요. 요즘은 특히 콘텐츠 생산 능력이 중요해요.

예전에는 매니저 한 명이 현장도 뛰고, 홍보 담당도 하는 등 여러 가지를 했는데 그러다 보면 집중력이 떨어지잖아요. 그래서 지금은 잘하는 부분에 집중할 수 있도록 포지셔닝하는 게 일반적인 추세예요. 직원이 많아질 수밖에 없죠. 유튜브나 인스타그램 등 SNS를 통한 홍보가 중요한 시대죠.

저 같은 경우에도 조한선 씨와 했던 모든 활동들이 아무것도 남아 있는 게 없어요. 그때는 콘텐츠를 만들어야겠다는 생각도 없었고 방법도 쉽지 않았으니까요. 지금은 스마트폰만 있으면 많은 걸 만들 수 있죠.

우리 회사는 신인 발굴이 중심이라 신인 시절부터 배우의 평상시 생활이라든지, 운동하는 모습, 오디션 등을 자연스럽게 촬영해 콘텐츠를 만드는 데 적극적이에요. 스타가 되었을 때는 신인 때

회사의 공식 인스타그램에는 소속 배우들의 촬영 현장 모습과 활동 등을 업로드하고 있다.

의 풋풋한 영상이 그리워질 테니까요. 세트장이 대부분 파주나 일산, 의정부 등지인데 오고 가는 시간까지 하면 하루 반나절이 소요돼요. 시간이 많이 들지만 배우 응원, 감독들과의 인사 그리고 배우 콘텐츠 마련이라는 3가지를 위해 노력하고 있어요.

현장에 가면 자연스럽게 제 목소리로 설명하면서 현장 분위기를 영상에 담아요. 촬영 대기하는 모습, 쉬는 장면 등을 찍어 놓는 거죠. 그런 것들이 모이면 좋은 콘텐츠가 되거든요. 이런 촬영은 자연스럽게 소통하면서 해야 하기 때문에 매니저가 적임자죠. 낯선 사람이 찍을 때의 불편함을 팬들은 바로 알거든요.

팬들에게는 배우의 영상 하나하나가 아주 고마운 선물이라고 하더라고요. 알려지기 전의 데뷔 초 영상이라면 특히 더 고마운 선물이 되겠죠. 제 인스타그램에도 가끔씩 현장 컷을 올리는데 해당 배우 팬들이 찾아와 고맙다고 하면서 관련 영상 많이 올려달라는 댓글들을 남기곤 하거든요. 그래서 저는 콘텐츠를 많이 생산하려고 하는 편이에요.

웹드라마 중에 〈에이틴〉이라는 작품이 있는데 엄청난 히트를 쳤어요. 역대 웹드라마들 중 청소년들에게 가장 큰 히트를 기록했으니 웬만한 공중파 드라마보다도 훨씬 인기가 높았죠. 그 후속작이 〈트웬티 트웬티〉인데 우리 배우 2명이 주연으로 참여했어요.

웹드라마 <트웬티 트웬티>의 주역인 진호은, 채원빈 배우.

4~5개월 촬영했는데 어제로 촬영이 끝나서 같이 저녁을 먹었어요. 가볍게 술도 곁들였는데 그런 장면도 모두 영상으로 남겼죠.

드라마 촬영하면서 느낀 점, 어려웠던 일은 없었는지, 기억에 남는 일은 무엇인지, 다음 작품은 어떤 걸 하고 싶은지 등을 허심탄회하게 담은 거죠. 이렇게 이야기를 하다 보면 작품 들어가기 전과 비교해서 엄청나게 성숙해졌다는 걸 깨닫게 돼요. 그리고 작품이 나올 때 이런 영상을 공개하는 건 팬들을 위한 서비스이기도 하고요.

저는 '에브리씽 이즈 콘텐츠'라고 생각해요. 지금은 콘텐츠가 모든 것이라 해도 과언이 아닌 것 같아요.

소속 배우에게 맞는 작품을 찾는 작품 분석 능력도 중요할 것 같아요.

편 소속 배우에게 맞는 작품을 찾는 작품 분석 능력도 중요할 것 같아요.

원 맞아요. 그런데 배우에게 맞는 작품을 선정하는 방법은 의외로 간단해요. 배우의 평상시 캐릭터를 잘 파악하고 있으면 돼요. 물론 배우이니까 자신과 반대인 성격인 배역도 잘 소화할 수는 있겠죠. 하지만 기본적으로 배우의 성격을 잘 알고 있어야 배역과의 궁합을 판단할 수 있어요.

사실 배우에게는 대중에게 알려지지 않은 본연의 성향이 있거든요. 첫 배역을 듬직하고 진중한 역할을 맡은 배우가 알고 보니 장난기가 많은 성격일 수 있잖아요. 그런 경우에는 배우 본인의 성향과 비슷한 배역을 맡으면 더 빛날 수 있는 거죠. 우리가 봐왔던 수많은 캐릭터들을 머릿속에 조합해 놓고 내 배우는 어떤 역할에 어울릴까를 항상 고민해야 하죠.

매니지먼트를 잘하는 노하우가 있나요?

편 매니지먼트를 잘하는 노하우가 있나요?

원 특별한 노하우는 아니지만 저는 우리 배우들의 소식을 카드뉴스로 만들어서 격주로 월요일마다 방송 관계자들에게 보내요. 요즘은 PC보다 스마트폰 활용이 더 높다고 생각해서 스마트폰으로 바로 확인할 수 있도록 핸드폰 사이즈에 맞춰서 제작하고 있어요.

감독이나 캐스팅 디렉터는 배우들을 찾는 게 일이잖아요. 한눈에 우리 배우들의 근황이나 프로필이 보이도록 편집하는 거죠. 물론 배우마다 콘텐츠는 달라요. 예를 들어 우리 회사의 정재영 배우처럼 잘 알려진 배우라면 프로필보다는 근황을 알려줘야 하죠.

방송 관계자들에게 보내는 주간 소식지.

왜냐하면 그분들은 자신의 작품에 이 배우가 출현할 수 있는지 없는지를 알고 싶어 하기 때문이죠.

정재영 배우가 현재 영화 〈노량〉 촬영 중이에요. 이런 사실을 카드 뉴스에 담아 영화 스케줄을 공유하면 정재영 배우는 이 기간 동안 다른 영화 촬영을 하기 힘들다는 것을 타 제작사들과 캐스팅 디렉터들에게 한눈에 알릴 수 있으니 서로에게 필요한 작업이라고 생각해요.

그리고 신인 배우들은 잘 알려지지 않았기 때문에 비주얼을 많이 보여줘야 해요. 물론 당장 효과가 나타나는 것은 아니지만 이렇게 홍보를 많이 하다 보면 캐스팅 디렉터가 찾는 이미지와 딱 맞는 경우가 생기기도 해요. 스마트폰으로 보고 있었을 테니 저희에게 바로 전화를 하는 시스템이 되는 거죠.

예전부터 저는 메일링 홍보를 많이 해서 업계에서 항상 부지런하게 정보를 많이 주는 매니저라고 알려지기도 했어요. 당시에는 부지런함으로 다섯 손가락 안에 드는 매니저였죠.

지금은 대형 연예기획사인 경우에는 콘텐츠팀이 따로 있어서 이런 홍보 활동을 활발하게 하고 있죠. 콘텐츠팀을 따로 꾸리려면 꽤 규모가 있어야 해요. 우리 회사도 배우들에게 더 집중하기 위해서 조직을 정비했죠.

홍보는 어떻게 하나요?

편 홍보는 어떻게 하나요?

원 홍보는 두 가지가 있어요. 하나는 소속 배우들의 캐스팅을 위한 홍보예요. 예전에는 방송 관계자들에게 메일을 주로 보냈는데 사실 요즘은 저도 메일을 자세히 안 보게 되더라고요. 바쁘기도 하고 스팸 메일도 워낙 많으니까요. 제작진들은 더 하겠죠.

그래서 카카오톡을 많이 이용하는 편이에요. 이때도 기술적인 면이 필요한데요, 지루하게 느끼지 않도록 하는 것이 포인트죠. 그리고 개인적인 안부 인사를 디테일하게 보내는 편이에요.

예를 들면, 명절 때 안부 문자를 보내잖아요. 영업 차원에서 인사해야 하는 상대가 많을 때는 누구한테 보내도 무난한 내용을 가지고 똑같이 보내는 경우가 많을 거예요. 하지만 저는 이름만 바꾸는 게 아니라 그 사람과의 접점이나 에피소드를 적절하게 섞어서 보내요. 진정성을 담는 거죠. 명절 문자 인사에만 4시간 30분이 걸린 적도 있어요.^^

그리고 다른 한 가지는 기사인데요, 기사는 소스만 주는 경우도 있지만 직접 작성해서 배포하는 경우도 많아요. 아무래도 직접 작성하면 더 정확하니까요. 캐스팅 비하인드 관련한 내용도 좀 더 흥미 있게 쓸 수 있죠. 예를 들어, '촬영 내내 가발을 쓰고 있어야만 했던 이유'라는 제목으로 기사를 작성하면 더 관심을 끌 수 있을 테니까요. 같은 사실이어도 거기에 조금 더 스토리를 첨가하면 매체에서도 다루기가 좋은 거죠.

근무시간과 형태는 어떤가요?

편 근무시간과 형태는 어떤가요?

원 우리 회사의 출근 시간은 10시 30분이고 퇴근 시간은 6시예요. 처음에는 '코로나19' 때문에 출퇴근 시간의 혼잡을 피하기 위해서 조정했는데 시행해 보니 효율적인 것 같아서 계속 유지할 생각이에요.

근무 시간 또한 주 52시간을 맞추려고 노력하고 있어요. 간혹 현장 매니저가 촬영으로 인해 초과 근무하는 경우에는 그다음 주에 쉴 수 있도록 시간 분배를 하죠.

편 쉰다는 게 차에서 대기하면서 쉬는 건 아니죠?^^

원 물론 아니죠.^^ 휴무를 철저하게 지키고 있어요. 일과 개인 시간을 분리해야 능률이 더 오른다고 생각해요. 매니저도 쉬면서 스트레스를 풀어야죠. 그리고 안전 운전을 위해서라도 충분한 휴식이 필요해요.

편 근무 시간은 보장되어 있지만 휴일에도 일은 하지요?

원 그렇죠. 오히려 휴일에 일이 더 많을 수 있어요. 예를 들어 학

코로나 시국에 맞춰 출근 시간을 조정해 업무 효율을 높이고 있다.

교에서 촬영해야 하는 드라마인 경우에는 휴일에 몰아서 찍어야 하니까요. 일반적인 9 to 6와는 많이 다르죠. 담당 배우가 촬영하는 일정에 맞춰야 해요. 하지만 배우의 촬영이 끝나면 충분한 휴가와 보상을 주려고 해요. 그 동안 고생한 보상을 받는 거죠.

사무실 환경이나 분위기는 어떤가요?

편 사무실 환경이나 분위기는 어떤가요?

원 우리 사무실을 봐도 아시겠지만 저는 자연스러움을 추구하는 스타일이에요. 딱딱하고 정형화된 분위기에서는 좋은 아이디어가 나오지 않는다고 생각하거든요. 그래서 사무실 인테리어도 일반적인 사무실 분위기가 아니라 유니크하게 하려고 했죠.

회의실 한 켠에는 포차 콘셉트로 인테리어를 하기도 했다.

나도 연예기획사 대표

3

#1

신인 발굴

연예기획사대표의 업무 중에서 가장 중요한 일은 무엇일까요?
그것은 바로 신인을 발굴하는 일입니다.
15년 전만 해도 우연한 길거리 캐스팅이 많았죠. 시간을 들여 서울의 중・고등학교 앞에서 잘 생기고 예쁜 학생이 있는지 물어보거나 하교하는 모습을 지켜보다가 직접 만나 캐스팅하던 때가 있었습니다. 물론 지인의 소개로 캐스팅하는 경우도 있었죠.
하지만 요즘처럼 트렌드가 빨리 바뀌고 미소녀, 미소년이 많은 시대에 옛날 방법을 그대로 사용할 수는 없겠죠? 소셜 네트워크를 이용하면 훨씬 효과적으로 캐스팅할 수 있어요. 여러분이 연예기획사 대표라고 생각하고 스타성 있는 신인을 발굴할 방법을 생각해 보세요.

나의 캐스팅 방법은?

Tip

지금은 O2O(online to offline)의 시대.
온라인과 오프라인을 적절히 활용하게 된다면 직접 발품을 팔지 않고도 좋은 캐스팅을 할 수 있어요.

해시태그

해시태그로 #연기지망생 #스냅촬영 #군필 등으로 검색해서 찾아보세요. 요즘 인스타그램에는 유명한 포토그래퍼들이 매력 있는 분들을 찾아 촬영을 많이 하는 것 같아요. 그래서 #스냅촬영 해시태그가 의미 있죠.

#군필

#군필은 아마 매니저 중에서는 제가 처음 시도하는 것일 텐데요. 우리 회사의 신인 남자 배우들뿐만 아니라 대부분의 신인은 나이가 어릴 거예요. 군 입대를 앞둔 소속 배우들을 보다가 군필자를 찾고 싶어졌어요. 인스타그램을 하는 사람들이 모두 배우를 꿈꾸고 있지는 않겠지만 군 전역만큼은 남자에게 잊을 수 없는 순간이라 사진이 많이 업로드되어 있더라고요. 단순히 전역을 기념하기 위해 올렸다고 하더라도 가능성이 있다면 우리 회사와 계약하도록 설득할 자

신이 있거든요. 본인은 배우가 될 생각이 없다고 하더라도 빛이 나는 사람들이 있어요. 사실 스타가 될 운명인데 계기가 없을 뿐이죠. 그 계기를 찾아주는 것도 연예기획사의 역할이라고 생각해요.

인스타그램 활용 팁

인스타그램을 보는 것도 요령이 있어요. 그냥 보기만 하면 의미 없는 일이죠. 한 가지 잊지 말아야 것은 바로 개인 SNS 계정의 사진은 누가 찍고 누가 업로드할까 하는 것이에요. 사진을 올리는 당사자가 바로 본인이라는 것이 바로 핵심이에요.
인스타에 있는 사진들이 필터를 사용했거나 각도를 잘 설정해서 좋아 보였더라도 정작 들어가서 사진들을 보다 보면 아, 이 얼굴이 실물에 가깝겠구나 하는 사진들이 보여요. 그 사진이 제 흥미를 끌지 못하면 바로 다른 곳으로 옮기죠. 요즘은 동영상이나 사진도 필터로 보정하기 쉽거든요. 이미지를 보는 눈이 필요하죠.

DM

이런 과정을 거쳐 스타로 성장할 가능성이 있는 사람을 발견하면 메시지를 보내요. 회사 소개를 먼저 하고, 소개 영상을 요청해 봐요. 이런 경우 반응은 두 가지예요. 관심이 없다며 거절을 하거나, 잘 준비해서 보내주는 경우죠.

목소리

소개 영상을 보내 달라고 하는 이유는 목소리를 확인하고 싶어서예요. 그렇게 영상으로 목소리를 듣고 나면 정말 확신이 생기는 사람들이 있어요. 그런 경우에는 바로 미팅을 제안하고 사무실에서 인터뷰를 하죠. 이때의 인터뷰 영상은 사전에 동의를 받아 회사 계정의 유튜브 채널에 업로드하고 있어요. 그 이유는 이런 영상 하나하나가 연기를 꿈꾸는 친구들에게는 많은 도움이 되기 때문이에요.

캐스팅

온라인으로 이야기를 나누고, 가능성이 보이면 오프라인으로 미팅을 하는 것이 최근의 트렌드이지 않을까 싶어요. 과거보다는 훨씬 수월하게 캐스팅을 할 수 있다는 이야기도 될 거 같아요. 얼마나 많은 시간을 콘텐츠 시청에 사용하느냐가 캐스팅에 큰 영향을 끼친다고 생각해요.

#2

홍보

신인을 발굴하고 연기 연습도 열심히 해서 드라마에 캐스팅됐어요. 조연이지만 반전의 열쇠를 지니고 있는 역할이에요.
한 달 뒤 방영을 앞두고 열심히 촬영 중이네요. 아직 인지도가 낮은 신인 배우이므로 홍보가 중요할 텐데요, 드라마 홍보와 더불어 배우를 알리는 것이 좋아요. 어떻게 하면 우리 배우를 잘 홍보할 수 있을까요? 홍보자료를 작성해 보세요.

홍보 자료 작성하기

Tip

중요한 것부터

가장 먼저 전달하고자 하는 핵심 내용을 단도직입적으로 밝힌 다음, 앞에서 언급한 핵심 내용에 대한 설명을 그다음 문장에서 중요한 순서대로 차례로 풀어나가야 해요. 읽는 사람이 반드시 알아야 하는 핵심부터 소개함으로써 더 짧은 시간에 정보를 전달하는 것이 포인트라고 할 수 있죠.

제목이 반

좋은 보도자료의 핵심은 헤드라인이에요. 사람들의 주의를 끌 수 있는 헤드라인이 자료의 가치를 나타내죠. 내용을 모두 정리한 후에 제목을 정하는 것이 좋아요. 좋은 제목의 공통점은 세 가지예요. 명쾌하고, 짧으며, 정보를 더 찾고 싶게 하는 것이죠.

대표 이미지

대표 이미지를 잘 만드는 것이 중요해요. 대표 이미지는 홍보물뿐만 아니라 기사에도 활용돼요. 드라마 줄거리도 중요하지만 시각적인 요소가 더 큰 비중을 차지하기 때문에 시각적 효과를 더한 자료가 좋겠죠.

검색엔진 최적화

검색엔진에서 잘 검색되는 것이 중요해요. 사람들은 자신이 원하는 정보를 얻기 위해 검색엔진을 이용하기 때문이에요. 특히 드라마가 알려지면 배우에 대한 정보를 검색해요. 가장 중요한 키워드를 보도자료 제목과 첫 문장에 추가하면 검색엔진에서 검색되는 확률을 높일 수 있어요.

SNS를 통한 소통

소셜미디어는 쌍방향 커뮤니케이션을 통해 고객의 참여를 이끌 수 있다는 장점이 있어요. 콘텐츠는 입소문이 중요해요. 입소문을 유도할 수 있는 대표적인 방법이 SNS를 통한 홍보예요. 페이스북의 경우 정보성 글보다는 작품과 직접 관련이 없는 콘텐츠일지라도 일상과 정서를 관객들과 공유할 수 있는 내용의 게시글을 꾸준히 올리는 것이 좋아요.

웹사이트에도 SNS 연동 기능을 추가하면 페이지를 더 많은 사람에게 퍼뜨릴 수 있어요. 사람들은 정보성 자료라고 생각되는 콘텐츠는 SNS를 통해 지인들에게 전파하기 때문이죠.

업무 엿보기

기상

5시 30분 알람과 6시 알람 2개를 설정해 놓고 늦어도 6시에는 일어나요. 기상하자마자 인스타그램에 새로운 피드를 서치하는 것으로 하루를 시작하죠.
신인 캐스팅 관련 및 소속 배우 생활 탐구의 일환이에요.^^

출근길

씻지 않고 옷만 입고 바로 출근을 해요. 이렇게 일찍 출근하는 이유는 간단해요. 러시아워로 인해 차에서 있는 무료한 시간을 없애기 위해서죠.

출근

우리 회사는 출근 시간이 10시 30분이에요. 하지만 저는 6시 30분에 회사에 도착하죠. 도착하면 일단 집에서 싸 온 아침을 간단히 먹어요. 이는 정확한 식습관을 위한 것이기도 하지만 근력 운동을 하기 전에 에너지원이 필요한 이유도 있어서예요.
참고로 근력 운동은 넷플릭스와 함께 한답니다. 한 번에 두 가지 일을 하는 것을 선호해요.

업무

직원들이 아직 출근하지 않은 아침의 사무실을 상당히 좋아하는 편이에요. 이 시간에 집중이 필요한 업무를 해요. 오늘 해야 할 일 중 중요한 순서대로 처리하고, 한 주 동안 해야 할 일 중 우선순위에 밀렸거나 놓친 업무를 처리하죠. 특히 드라마 라인업과 드라마의 기획안을 읽으면서 우리 소속 배우들이 들어갈 수 있는 배역들이 있는지 체크해요. 가장 중요한 업무죠.

* TV 편성표를 보면 요일별로 드라마 시간표가 일주일 단위로 볼 수 있는 것처럼 드라마 라인업은 1~2년간의 방송사별 요일별로 작품이 편성되어 있는 것을 관계자들이 볼 수 있는 정보예요. 업계 관계자가 아니면 잘 알 수 없는 드라마 편성표에는 포털사이트에 게재되지 않는 주인공 캐스팅 상황들도 볼 수 있죠. 기획안은 드라마별로 줄거리와 기획 의도 그리고 주인공부터 조연까지의 캐릭터 설명이 나와 있어요. 이 기획안을 보고 캐릭터가 맞는 배우를 선정해 제작진(감독이나 PD 또는 캐스팅 디렉터)에게 프로필을 보내죠. 오디션에 참여할 수 있는지 답변을 받게 되는 과정이 이루어지며 1차 오디션, 2차 오디션을 거쳐 최종 오디션까지 가게 됩니다.
최종 오디션은 2~3명 정도의 후보군으로 상당히 긴장감 넘치는 오디션이에요. 대부분 바로 결정이 돼서 누군가는 웃고 누군가는 우는 상황이 되곤 하죠.

운동

9시 30분이 되면 사무실을 나와 헬스장으로 가요. 저는 우리 신인 남자배우들과 같이 운동하는 것을 좋아해요. 회사와 계약한 지 얼마 되지 않은 신인 배우들과 친해지는 시간을 따로 갖기 어렵기 때문에 운동을 하면서 가까워지려고 하는 거죠.
게다가 남자 배우들은 비주얼로 가장 잘 보이는 어깨부터 몸을 탄탄하게 만드는 것이 중요해 이들과 매주 3회씩 운동을 함께 하고 있어요.
운동하면서 성장 과정이나 현재 하고 있는 고민, 어떤 배우를 꿈꾸고 있는지 등의 대화를 나누죠. 운동하는 2시간 동안 배우와 끈끈한 유대관계도 형성할 수 있고 인성교육의 시간도 돼서 가장 의미 있는 일과라 생각하고 있어요.

업무

운동을 마치면 회사로 복귀해요. 간단하게 일정 체크를 한 후 12시가 되면 회사 식구들과 사무실에서 점심을 하죠. 코로나 때문에 식당에 가는 것보다는 사무실에서 점심을 하는 경우가 많아졌어요.

회의

매주 화요일에는 주간 회의를 해요. 현장 분위기는 어땠는지, 배우들에게 고민이나 어려움은 없는지, 촬영 때 문제는 없었는지, 연기 디렉팅은 어땠는지 등을 확인하죠. 또 준비 중인 작품을 파악해서 오디션에 대비하기도 하고, 홍보팀에서 할 일을 지시하기도 해요.

제가 좀 꼼꼼한 편이라서 일정이나 비용 등도 세세하게 확인해요. 너무 꼼꼼하게 확인해서 스트레스를 받기도 하는데 스타일을 바꿀 수가 없더라고요.

또 시나리오도 봐야 해요. 어떤 작품이 우리 배우에게 맞을지, 어떤 내용인지, 성공 가능성은 있는지 등을 점검하면서 시나리오를 보죠. 결정된 작품인 경우에는 어떻게 하면 우리의 배우가 빛이 날 수 있을지를 고민하고 배우와 같이 대본 리딩을 하기도 해요. 테스트 영상을 찍어서 분석하죠.

연예기획사에서

일하기

홍보팀

매니지먼트 업무를 받쳐주는 일을 우선적으로 하는 팀이에요. 또한 소속 배우들의 동향을 팬들에게 소개하는 일도 하죠. 보도 자료 작성, SNS 관리, 블로그 포스팅, 소속 배우의 기사 모니터링 등 배우와 관계된 모든 일을 하는 팀이에요.

요즘엔 갤러리 등 주요 커뮤니티를 '눈팅' 하는 것도 필수예요. 매체에서 요청하는 소속 배우의 관련 자료를 제공하고, 기자들을 응대해요.

한류로 인해 외국어의 중요성이 높아져 영어뿐만 아니라, 중국어, 일본어를 잘하면 유리해요. 대형 연예기획사에서는 동남아 국가 언어 특기자를 선호하기도 하고요. 사진, 영상, 포토샵 등도 잘하면 입사 후 유용하게 사용할 일이 많아요.

예측 불가능한 상황도 발 빠르게 대처하는 순발력, 악담을 들어도 견딜 수 있는 멘탈, 사교적인 성격, 소속 배우의 뒷얘기를 전하지 않는 무거운 입을 가진 사람이면 잘할 수 있어요.

콘텐츠팀

배우의 활동과 관련된 영상물들을 촬영하고 편집하는 업무를 담당해요. 예를 들어, 가수를 매니지먼트한다고 하면 작게는 아티스트의 음원이 발매될 때 음원 유통사와 파트너사들에게 전달할 프로모션용 멘트 영상을 촬영하고 편집하기도 하고 캘린더 등 시즌 물에 들어갈 영상을 기획, 제작, 편집하기도 해요.

그리고 아티스트의 주요 활동(해외 투어 및 오프라인 이벤트들)에 함께하며 메이킹 영상을 촬영하기도 하죠. 최근에는 V앱을 포함해 SNS 영상이 팬들과의 커뮤니케이션에 있어 더욱 중요해지고 있어요.

해외 투어 자체를 콘텐츠로 제작하는 등 제작물의 퀄리티나 종류도 다양해지면서 영상 제작팀의 역할이 확대되고 필요성도 더욱 커지고 있죠. 단순히 활동 영상을 촬영하고 편집하는 것이 아니라 아예 영상물 자체를 기획하고 제작하고 송출하는 방송 제작사의 형태와 흡사해지고 있는 것이죠.

기획팀

‘기획’이라는 단어가 광범위한 만큼 기획팀이라는 명칭이 같다고 하더라도 회사마다 업무의 차이가 커요. 보통은 회사의 사업과 관련한 굵직한 일들을 한다고 생각하면 될 거 같아요. 예를 들어, 가수 중심의 연예기획사라면 음반 프로젝트가 진행될 경우 저작권을 등록하고 계약을 맺은 유통사를 통해 해당 음원과 음반을 유통하는 등의 일을 하는 거죠.

이외에 팬 마케팅이나 광고, 교육을 담당하기도 해요. 팬카페를 개설해 커뮤니티를 관리하고 팬클럽을 운영하는 업무도 하죠. 광고팀의 경우에는 소속 배우의 광고 및 행사 업무를 진행해요. 광고 제안이 들어오면 조건을 협의하고 계약업무를 체결하죠. 계약 체결뿐만 아니라 실제로 광고를 촬영하게 되면 현장에 직접 나가서 프로젝트가 문제없이 진행될 수 있도록 해요.

이 밖에 K-문화의 인기가 높아지면서 해외 사업과 관련한 업무를 담당하기도 하죠.

경영지원팀

말 그대로 경영을 지원하는, 즉 회사의 전반적인 업무들이 잘 돌아갈 수 있도록 서포트하는 역할이라고 할 수 있어요. 회사의 자재 등 자산을 관리하는 총무 업무, 직원들의 인사(복지) 관련 직무인 인사 업무, 회사 내의 수익 비용에 대한 회계 처리 및 회사의 재무제표를 작성하는 회계 업무로 나눌 수 있어요. 대형 연예기획사의 경우에는 회계, 자금, 인사, 자산관리, 경영관리, 법무팀으로 세분화되어 있기도 하지만 작은 기획사의 경우에는 업무별 담당자가 있거나 한 명의 담당자가 여러 가지 업무를 함께 병행하기도 해요.

경영지원팀의 경우 연예기획사의 다른 팀에 비해 일반(?) 회사와 가장 가깝다고 할 수 있어요. 출퇴근 시간도 다른 팀에 비해 일정하고 주말도 보장받는 편이죠. 다만 회계 업무의 경우 연예기획사의 특성상 소속 배우의 정산을 매번 진행해야 해요. 소속 배우와의 정산을 잘 진행하는 것도 업무에 있어서 굉장한 스페셜 스킬이라고 할 수 있죠.

프로필 제작

소속 배우의 프로필 촬영은 중요한 일이에요. 보통 배우들이 프로필 사진을 찍으면 6개월~1년 동안 사용하기 때문이에요. 이 프로필이 캐스팅 디렉터, 감독들에게 보여지는 배우의 첫 번째 함축적인 이미지이죠. 배우의 느낌을 어떤 비주얼로 담을 것인지, 헤어, 메이크업과 의상은 어떻게 할 것인지 등 아주 신중해질 수밖에 없어요. 물론 배우는 기획안에 맞춰 표정과 포즈 연습을 많이 해야 후회하지 않는 작업물이 나오게 되겠죠.

프로필 사진을 찍을 때는 배우 당 콘셉트를 보통 5~6가지 정도로 잡아서 100여 컷 이상을 찍어서 A, B, C 컷으로 나눠요. 당연히 하루 종일 걸리는 것은 기본이죠.

프로필을 만들 때 중요한 것은 어떤 사진을 메인 이미지로 사용할 것인지를 결정하는 것이에요. 메인 이미지란 프로필의 맨 앞면에 가장 큰 사이즈로 사용하는 이미지를 말해요. 메인 이미지가 중요한 이유는 오디션 응모나 캐스팅과 관련해서 제작진과 미팅할 때 가장 먼저 보여지기 때문이에요. 이렇게 메인 이미지를 고르고 나면 나머지 이미지를 10여 장 선택해서 배우의 프로필을 제작하게 됩니다.

오디션 준비

소속 배우가 좋은 작품에 캐스팅될 수 있도록 오디션 준비를 도와주어야 해요. 오디션을 볼 때는 단순히 외모만을 보고 판단하지 않아요. 외모 이외의 요소들, 즉 발성, 발음, 연기 액션, 캐릭터 분석 능력 등을 살피죠. 그리고 여러 질문들을 하면서 인성까지 파악하는 것이 보통이에요. 그래서 연예기획사에서는 신인 배우들에게 연기 지도를 하는 것이 필수예요. 일상적인 교육뿐만 아니라 오디션 맞춤을 위한 원포인트 교육도 하고 있어요. 족집게 과외처럼 말이죠.

신인의 경우에는 아직 자신이 어떤 역할에 맞는지 판단하기가 어려워요. 본인이 생각했던 캐릭터와 다른 새로운 스타일을 만들어 낼 수 있는 가능성이 얼마든지 있기 때문에 경험을 많이 쌓는 것이 중요해요. 신인 배우가 오디션에서 "시켜만 주시면 어떤 역이든지 다 잘할 수 있습니다."라고 이야기하는 경우가 종종 있는데, 이런 말은 도움이 되지 않아요. 신인이 모든 연기를 잘 할 수 있다는 건 가능하지 않기 때문이죠. 자신에게 맞는 연기에 집중하는 것이 좋아요. 그리고 연예기획사에서는 그런 역할을 찾아주려고 노력해야 해요.

아우터코리아의

3

아카이브

SUPER ROOKIE

김영대 Kim Young Dae

Job

Propose 40

TV드라마

2021년 KBS <학교> 준비 중
2021년 JTBC <언더커버> 특별 출연
2020년 KBS <바람피면 죽는다> 차수호 역
2020년 SBS <팬트하우스> 주석훈 역
2020년 JTBC <날씨가 좋으면 찾아 가겠어요> 오영우 역
2019년 MBC <어쩌다 발견한 하루> 오남주 역
2019년 MBC <아이템> 강곤 어린시절 역
2018년 KBS 드라마 스페셜 <너와 나의 유효기간> 김민식 역

웹드라마

2019년 <아름다웠던 나의 우리에게> 준석 역
2018년 <좀 예민해도 괜찮아> 도환 역
2018년 <너, 대처법> 이근 역
2018년 <단지 너무 지루해서> 우승우 역
2018년 <오피스워치 시즌2> 택배기사 역
2017년 <전지적 짝사랑 시점 특펼편> 김영대 역

광고

쌤쏘나이트 / 클라랑스 / NFL / 엠뉴 / 비레디

눈으로 말하는 소년
진호은 Jin Ho Eun

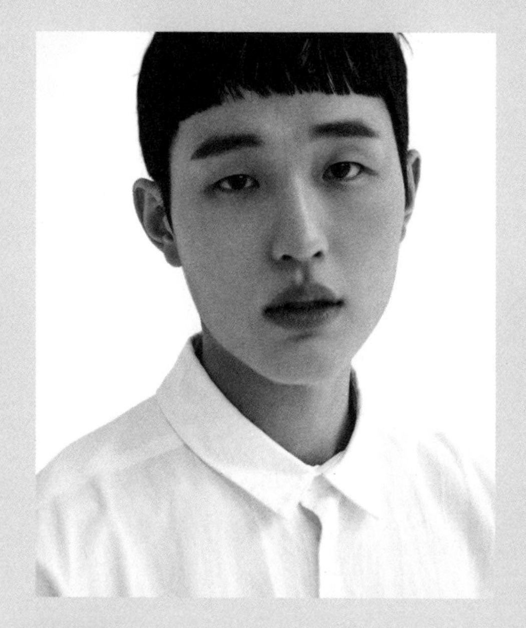

영화

2019년 <CRAZY>
2019년 <항거>
2019년 <매니지>

TV드라마

2021년 넷플릭스 <지금 우리 학교는> 촬영중
2019년 KBS2 <사랑은 뷰티풀 인생은 원더풀>

웹드라마

2020년 <트웬티 트웬티> 강대근 역
2019년 <비밀의 비밀>
2019년 <아이돌 X 실종사건>
2018년 <당신의 상상은 현실이 된다>
2018년 <고, 백 다이어리>

광고

2019년 EMOTION PLANET
2019년 롯데닷컴
2018년 동아제약 - 활명수

신비감을 가진
채원빈 Chae Won Bin

TV드라마

2021년 OCN <보이스 4> 촬영 중
2020년 SBS <날아라 개천용> 정명희 역
2020년 tvN <화양연화> 윤지영 역

영화

2021년 <마녀 2> 촬영 중
2020년 <런보이런>
2019년 <매니지>

웹드라마

2020년 <인어왕자2 : 더 비기닝> 조아라 역
2020년 <트웬티 트웬티> 백예은 역
2019년 <비밀의 비밀>
2019년 <아이돌 X 실종사건>

광고

EDWIN / EMOTION PLANET / CJ헬로TV / 하나금융 / Galaxy Fold 5G / SK 텔레콤

평범하지만 평범하지 않은
천희주 Cheon Hee Joo

TV드라마

2021년 MBC <미치지 않고서야> 촬영 중
2020년 SBS <펜트하우스> 노지아 역

영화

2019년 <CRAZY>
2019년 <매니지>

웹드라마

2019년 <아름다웠던 나의 우리에게>

광고

2020년 <타다>, <삼성 비스포크>, <ADT캡스>,
<맥심 티오피>, <마켓컬리>, <아시아나 항공>

두 얼굴의 배우
윤현수 Yoon Hyun Soo

TV드라마

2021년 SBS <라켓소년단>
박찬 역

영화

2020년 <운봉>

웹드라마

2019년 <노동이 사라졌다>

뮤직비디오

2020년 <바라봐줘요>

광고

2020년 잎새주
2020년 자민경
2019년 SKT 뉴아이폰

불목청년
강희구 Kang Hee Gu

Job
Propose 37

광고

2020년 잎새주

특기

세팍타크로 청소년 국가대표

연예기획사 대표

3

원욱 스토리

편 어린 시절이 궁금해요.

원 어렸을 때는 좀 내성적이었어요. 다른 사람 앞에서는 쑥스러워서 말도 못 했거든요. 성격을 고치고 싶어서 웅변학원도 다니고 했었는데 고등학교 때 확 바뀌었어요.

어떤 계기가 있었던 건 아니고 좋은 친구들을 만나면서 바뀌게 된 것 같아요. 아니면 원래 내재되어 있던 성격이 발현된 건지도 모르겠어요.^^

제가 형제 없이 외동으로 자랐거든요. 그래서 시골인데도 불구하고 아버지께서는 제가 갖고 싶다고 하는 건 모두 사주셨거든요. 불편한 게 별로 없어서 어렸을 때는 말이 없었던 것 같아요.

편 어린 시절에 특별히 기억에 남는 일이 있나요?

원 고향이 충청남도 예산군이에요. 시골인 셈이죠. 그렇지만 농사를 짓지는 않았어요. 극장이 바로 집 옆에 있었고, 시멘트 바닥을 밟고 살았죠.

당시 우리 동네에 버스 시간표를 알려주는 종이가 있었어요. 앞은 시간이 적혀 있었지만 뒷면은 백지였어요. 종이 자체도 아주 빳빳한 하얀 종이였죠. 아버지가 당시 운수회사 소장이셔서 그 시간표를 많이 구할 수 있었어요. 중학교 때였는데 그 종이 뒷면에

만화를 그려서 친구들에게 주고 했죠. 그때는 만화가가 되면 둘리 만화가 김수정 화백님처럼 곱슬머리에 빵 모자를 써야 하는 줄 알았어요.^^

초등학교 때 저희 집에 놀러 온 친구에게 심부름을 시키기도 했어요. 그런데 그 친구는 처음 놀러 왔으니까 슈퍼가 어디에 있는지 모르잖아요. 그때 제가 만들어 놓았던 동네 지도를 보여주면서 이렇게 이야기했어요. "여기 위치가 우리 집, 그리고 여기가 슈퍼" 라고요.^^ 내성적이지만 좀 엉뚱한 면이 있었던 것 같아요.

편 중·고등학교 때는 어땠나요?

원 제가 중학교 때만 해도 비디오 플레이어 있는 집이 거의 없었는데 저희 집에는 비디오가 있었어요. 그래서 나한테 잘하는 친구들을 집에 데려와 당시 유명한 홍콩 영화인 〈천녀유혼〉을 보여주기도 했어요. 저는 극장주처럼 뒤에서 지켜보면서 친구들이 어떤 장면에서 좋아하는지, 왕조현이 어떤 연기할 때 특히 좋아하는지 등을 유심히 살폈죠.

편 학창시절 공부는 잘했나요?

원 국어와 영어를 좋아해서 두 과목은 성적도 좋았는데 수학, 물리, 과학은 싫었어요. 진짜 못 하겠더라고요. 그리고 특이하게 사회 과목은 테이프로 녹음해서 공부했어요. 들으면서 암기하려고 했던 거죠. 하지만 생각과 다르게 3시간 동안 녹음하고 힘드니까 잠깐만 자고 나서 한다는 게 잠이 들어버려서 정작 녹음한 내용을 듣지 못하고 시험을 치르기도 했어요.

하여튼 공부에 집중하지 못하고 부수적인 것만 신경 쓰며 시간을 많이 보냈어요. 제가 계획표를 잘 짰거든요. 친구들 계획표도 많이 짜 줬죠. 물론 계획표대로 실행은 안 했지만요.^^

혹시 투투펜이라고 아시나요? 왼쪽으로 돌리면 샤프심이 나오고 오른쪽으로 돌리면 볼펜심이 나오는 펜이에요. 공부를 하려고 자리에 앉아서 투투펜을 들었는데 볼펜심이 잘 안 나오는 거예요. 그래서 모나미 볼펜심을 꺼내 투투펜에 넣으려고 했는데 사이즈가 안 맞아요. 이걸 사포로 갈면 되겠다 싶어서 자전거 타고 사포를 사러 가다가 교통사고를 당해 한 달 동안 병원 입원하기도 했어요. 돌이켜보면 앉아서 가만히 있는 스타일은 아니었던 것 같아요.

편 학창 시절 꿈은 무엇이었나요?

원 어렸을 때 꿈은 외교관이었어요. 사실 외교관이 뭔지도 모르면서 멋있어 보인다는 이유로 꿈이라고 했던 것 같아요. 고등학교

나보다는 다른 사람을 빛나게 만들어주는 매니저가 되고 싶다는 꿈을 꾸었다.

때는 PD가 되고 싶었어요. 그런데 공부를 아주 잘해야 되더라고요. 그래서 PD를 포기하고 막연히 연예인이 되면 좋겠다 하다가 매니저와 매니지먼트를 알게 된 거죠. 나보다는 다른 사람을 빛나게 만들어주는 매니저가 되고 싶다는 꿈을 꾸기 시작했어요.

편 지금 삶에 만족하시나요?

원 네. 물론 아직까지는 우리 회사 인지도가 높은 편이 아니라서 재정적으로 여유 있는 상황이 아니긴 해요. 하지만 미래에 대한 가치가 보이기 때문에 오늘에는 항상 만족하고 있어요.

편 신인을 발굴하기 위한 노력은 계속하시겠네요.

원 네. 앞에서 말씀드렸던 것처럼 저는 인스타그램을 보는 것으로 하루를 시작해요. 아침에 깨자마자 30분 정도 보죠. 프로필을 찍어서 업로드한 지망생들도 많거든요. 제 경험으로는 팔로워 수가 1,000~3,000여 명 정도인 친구들이 적합한 것 같아요. 팔로워 수가 너무 많은 경우에는 배우를 희망하기보다는 그 자체로 이미 셀럽이기도 하니까요. 우리 회사와는 맞지 않죠. 인스타그램을 보다가 관심이 가는 친구들에게는 메시지를 보내요.

편 일 외에 관심을 가지는 분야가 있나요?

원 기회가 된다면 강연을 해보고 싶어요. 서울이 아닌 시골에서 자랐고 공부를 잘해서 명문 대학을 졸업한 것도 아닌 평범한 제가 꿈 하나만 가지고 서울로 상경해서 꿈을 이뤄냈을 때 강의를 통해 긍정적인 에너지를 널리 알리고 싶어요. 그래서 평범한 여러분들도, 아무것도 없는 여러분들도 할 수 있다는 용기를 주고 싶어요.

편 앞으로의 목표는 무엇인가요?

원 저는 그동안 신인 배우를 발굴하기 위해서 노력을 많이 했어요. 그러면서 여러 신인들과 연기는 어떻게 해야 하고 배우로 성공하기 위해서는 어떻게 해야 하는지에 대해 이야기했던 것 같아요. 이제는 개별적인 이야기로 끝나지 않고 배우를 꿈꾸는 사람들이 저를 만나지 못하더라도 배우의 길로 무사히 갈 수 있도록 플랫폼을 만들고 싶어요.

배우 지망생에게, 신인 배우에게, 가장 도움이 되는 플랫폼으로 1등이 되고 싶은 게 제 목표예요. 그리고 지금 제가 키우는 신인들이 좋은 배우로 성장해서 이 두 개가 선순환을 이루도록 만드는 게 또 하나의 목표죠.

한 마디로 목표를 정리하면 오프라인과 온라인 모두에서 '신인'이라는 키워드로 업계 1등을 하는 거예요.

편 배우를 꿈꾸는 청소년들에게 하고 싶은 말이 있으신가요?

원 배우의 꿈이 있다면 주변의 검증을 먼저 받으라고 말하고 싶어요. 가족과 친구들의 의견을 꼭 들어봤으면 좋겠어요. 가장 가까운 사람들이 가장 정확하게 판단할 수 있거든요.

그리고 여러분이 롤 모델로 생각하는 배우가 있다면 그 배우의 지금 화려한 모습만 보지 말고 신인이었고, 무명이었던 시절에 어떤 활동을 했는지도 꼭 찾아봤으면 좋겠어요. 그 배우의 필모그래피를 살펴보면서 어떤 과정을 거쳐 배우로 성장했는지 배우는 것이 중요해요.

배우의 삶은 겉으로 드러난 면은 화려하지만 어려운 점도 있다는 걸 생각해 봤으면 좋겠어요. 대중들이 다 아는 공인이 되어 버렸기 때문에 사람들의 시선과 인식을 항상 염두에 두면서 행동해야 하니 얼마나 숨 막히고 불편하겠어요? 담배꽁초 하나 버릴 수 없다는 점을 반드시 알아야 해요.

또 한 가지, 화려하게 성공한 배우보다 무명으로 어렵게 사는 배우가 훨씬 많다는 사실을 분명히 알고 배우의 길을 선택하기를 바랍니다.

편 마지막으로 연예기획사대표를 꿈꾸는 청소년들에게 응원의 메시지 부탁드려요.

원 흔히들 이렇게 이야기하죠. "왕관을 쓰려는 자, 그 무게를 버텨라." 어떤 대표라도 모두 공감할 거예요. 특히 이 책을 읽는 여러분들이 연예기획사의 대표를 꿈꾼다면 지금부터 밑그림을 그리세요.

여러분이 성장하는 시간에도 미래 콘텐츠가 어떤 방향으로 흘러갈 것인지 관심 있게 들여다보길 바랍니다. 자신이 한류의 중심을 만들어 내는 영향력 있는 사람이 될 수 있다는 신념에서 시작하세요. 땀은 절대 여러분들을 저버리지 않습니다. 저도 같이 응원할게요.

청소년들의 진로와 직업 탐색을 위한
잡프러포즈 시리즈 40

스타를 빛나게 만드는 연예기획사대표

2021년 3월 5일 | 초판 1쇄
2024년 4월 25일 | 초판 3쇄

지은이 | 원욱
펴낸이 | 유윤선
펴낸곳 | 토크쇼

편집인 | 김정희
디자인 | 이민정
마케팅 | 김민영

출판등록 2016년 7월 21일 제2019-000113호
주소 | 서울시 마포구 월드컵북로98, 202호
전화 | 070-4200-0327
팩스 | 070-7966-9327
전자우편 | myys327@gmail.com
ISBN | 979-11-91299-06-9(44190)
정가 | 15,000원